Innovative Geschäftsmodelle

Innovative Geschäftsmodelle

Disruptive Strategien für den modernen Unternehmer

Alex Wealthfield

Mindful Pages

Veröffentlicht in 2024

ISBN-Nummer: 9789362922939 (PB)
ISBN: 9789362925879 (eBook)

Herausgegeben von

Mindful Pages
Impressum der Alpha Editions LLC
312 W. 2nd St #1834
Casper, WY 82601, USA
www.mindfulpagespublishers.com

Inhalt

Einleitung ix

Kapitel 1: Störungen im Geschäftsleben verstehen 1

Kapitel 2: Neue Trends bei Geschäftsinnovationen 21

Kapitel 3: Die Abonnementwirtschaft: Über Produkte hinaus, hin zu Beziehungen 34

Kapitel 4: Plattformunternehmen und der Netzwerkeffekt 40

Kapitel 5: Die Sharing Economy und Zugang statt Eigentum 47

Kapitel 6: Sozialunternehmen und die Triple Bottom Line 54

Kapitel 7: On-Demand-Dienste und die Convenience Economy 60

Kapitel 8: Künstliche Intelligenz und datengetriebene Geschäftsmodelle 66

Kapitel 9: Blockchain und dezentrale Geschäftsmodelle 72

Kapitel 10: Lean Startup-Methodik und agile Geschäftsmodelle .78

Kapitel 11: Crowdsourcing und kollaborative Geschäftsmodelle 83

Kapitel 12: Nutzung von Ökosystemen und strategischen Partnerschaften 89

Kapitel 13: Nachhaltigkeit und Kreislaufwirtschaftsmodelle 95

Kapitel 14: Die Rolle der Unternehmenskultur bei der

Geschäftsmodellinnovation 102

Kapitel 15: Die Zukunft voraussehen: Geschäftsmodelle im Jahr

2030 108

Fazit: Disruption für unternehmerischen Erfolg nutzen 114

Einführung

Das heutige Geschäftsumfeld ist dynamisch und komplex und wird durch die rasante Entwicklung moderner Technologien, die sich ständig ändernden Anforderungen der Zielkunden und die wachsende Vernetzung lokaler Märkte zu einem globalen Markt geprägt. Wir leben nicht mehr in einer Zeit, in der Unternehmen nur überleben konnten, indem sie dieselben Geschäftspraktiken verwendeten und diese langsam verbesserten. In der heutigen Welt muss sich jedes Unternehmen, das überleben und erfolgreich sein will, schnell an den Wandel anpassen und innovativ sein. Der wichtigste Faktor, der das aktuelle Geschäftsumfeld prägt, ist die digitale Revolution. Die Entwicklung des Internets, mobiler Technologien und Cloud-Computing-Dienste hat die Geschäftslandschaft für immer verändert. Dieser Wandel ist hauptsächlich auf die Verwischung der Branchengrenzen und die Einführung neuer Unternehmen in Märkten zurückzuführen, in denen Giganten wie Sony, Walmart und andere früher die einzigen und unangefochtenen Marktführer waren. Im Einzelhandel waren es Unternehmen wie Amazon und Alibaba, die die Branche revolutionierten, indem sie alle Daten über die Vorlieben der Kunden sammelten, künstliche Intelligenz nutzten, um eine Nachfrage nach den Produkten zu schaffen, die es vorher nicht gab, und die effektivste Logistik einsetzten. Auf dem Medienmarkt sind Netflix und andere Unternehmen heute die Marktführer, die als neue Unternehmen eingeführt werden. Sie nutzen die veränderten Gewohnheiten der Kunden in allen Teilen der Welt, um den Kunden On-Demand-Streaming-Dienste anzubieten und erfüllen so die Rolle von Fernsehsendern und Hauptmedienquellen in einem. Die Liste ließe sich fortsetzen, und die Wahrheit ist, dass digitale Technologien die Geschäftslandschaft auf eine Weise verändert haben, die jedem Unternehmen weltweit Zugang zu neuen Einnahmequellen, Möglichkeiten zur Optimierung von Unternehmensabläufen und Möglichkeiten zur Gewinnung von Einblicken in das Kundenverhalten bietet.

Darüber hinaus haben sich die Erwartungen der Kunden dramatisch verändert. Der heutige Verbraucher ist der am besten informierte, vernetzte und selbstverständlichste aller Zeiten . Seine

Bedürfnisse nach Komfort, Geschwindigkeit und Anpassung sind aufgrund der Möglichkeit, alles, was er will, hier und jetzt zu haben, auf dem Höhepunkt. Das Beispiel der Unternehmen Apple, Google und Tesla zeigt, dass die Menschen bereit sind, mehr zu bezahlen, um Dinge zu bekommen , die sie nie erwartet hätten. In dieser Situation hat das Aufkommen dieser Funktion viele Unternehmen dazu veranlasst, ihre Arbeitsansätze zu überdenken und sich darauf zu konzentrieren, nichts anderes, sondern ein Erlebnis anzubieten. Der zweite Grund, der das moderne Geschäftsumfeld auszeichnet, ist ein schnell wachsendes Interesse an allem, was nachhaltig und verantwortungsbewusst ist. Die heutige Welt ist sich zahlreicher Probleme und Dinge im Zusammenhang mit der Umwelt und den Bedürfnissen sozialer Gerechtigkeit bewusst. Die Menschen sind immer mehr daran interessiert, ihr Engagement bei der Lösung dieser Probleme unter Beweis zu stellen. Viele Unternehmen müssen dieser Tendenz folgen und auf nachhaltige Arbeit umstellen. Dies ist in vielen Branchen der Fall, vom Lebensmittelsektor bis zur Bekleidungsbranche. Marken wie Patagonia und Tesla haben die Arbeitsweise anderer Unternehmen beeinflusst und beweisen, dass Umweltschutz nicht nur lebenswichtig, sondern auch profitabel sein kann. Und schließlich hat die Entstehung von ESG als wichtiges Kriterium für Investitionen einen nachhaltigen Geschäftskern und einen langfristigen Kurs in diesem Bereich zu einem Muss für Unternehmen gemacht, die erfolgreich sein wollen.

Die umgebende Welt hat sich drastisch verändert, ebenso wie die Art und Weise, wie Unternehmen mit einer Vielzahl konkurrierender Firmen koexistieren. Die meisten Branchen sind heute stärker miteinander verflochten und weniger getrennt. Unternehmen unterschiedlicher Art und Branchen sind gezwungen, um denselben Kundenstamm zu konkurrieren. Die Verwischung der Grenzen ist besonders in technologiegetriebenen Branchen zu beobachten, wo Daten und leistungsstarke digitale Plattformen den Unternehmen den Übergang von ihrer ursprünglichen Branche aus viel leichter machen. Technologieunternehmen wie Amazon, Google oder Apple betreiben nicht mehr nur E-Commerce, bieten Suchmaschinen an oder verkaufen Geräte. Sie spezialisieren sich auch auf das Gesundheitswesen, das Finanzwesen, die Automobilindustrie und viele andere Branchen, ohne Rücksicht auf die Art der Produkte, mit denen sie arbeiten. Eine solche Situation deutet auf kritische Änderungen bei den einzigartigen Innovationen eines Unternehmens hin, da diese nicht mehr ausschließlich mit der regulären Branche konkurrieren, sondern gegen andere Unternehmen in fremden Branchen antreten müssen. Darüber hinaus stellt die Globalisierung eine weitere Herausforderung für Innovationen dar, da diese gezwungen sind, sich an das völlig neue Wettbewerbsniveau anzupassen. Einerseits haben Unternehmen einen breiteren Kundenstamm, neue Märkte und internationale Lieferanten. Andererseits erfordern die regulatorischen Herausforderungen und geopolitischen Risiken eine beträchtliche Menge an Vermögenswerten, um die Verwaltung eines globalen Betriebs zu unterstützen. Darüber hinaus besteht ein erhöhtes Risiko der Konkurrenz durch etablierte internationale Unternehmen sowie internationale Startups. Schließlich ermöglicht der Aufschwung des E-Commerce jedem Unternehmen, seinen Betrieb auf eine internationale Ebene zu heben und gleichzeitig die Messlatte für den Wettbewerb in Bezug auf die Kundenerwartungen höher zu legen.

Das Hauptmerkmal der modernen Geschäftswelt ist das schnelle Tempo des Wandels. Neue Produkte und Märkte entstehen und verschwinden innerhalb von Jahren, und der technische Fortschritt ermöglicht es den Unternehmen, in kurzer Zeit globale Märkte zu erreichen. Unter diesen Umständen sind diejenigen Unternehmen erfolgreich, die am innovativsten und anpassungsfähigsten sind. Daher sollten alle Firmen eine Kultur der kontinuierlichen Innovation einführen. Das bedeutet, dass Innovation keine einmalige Initiative ist oder in die Verantwortung einer einzelnen Abteilung fällt, sondern in jeden Aspekt der Geschäftstätigkeit des Unternehmens integriert werden muss. Führungskräfte müssen eine Kultur des Experimentierens fördern, in der ein Scheitern nicht das Ende, sondern den Beginn eines neuen Zyklus bedeutet und täglich die Frage gestellt wird: „Wie können wir uns verbessern?" . Die Umwandlung eines Unternehmens in ein innovationszentriertes Unternehmen erfordert auch Investitionen in Forschung und Entwicklung, die Bildung funktionsübergreifender Teams und die Entwicklung einer agilen Organisation, die rasch auf Marktveränderungen reagieren kann.

Ebenso wichtig ist die Tatsache, dass Innovation in der modernen Ära kooperativer geworden ist. Es ist ein Paradox des aktuellen Stands des technologischen Fortschritts, dass bei so viel Wissen kein einzelnes Unternehmen alle Antworten hat. Daher haben Unternehmen und ihre Führungskräfte erkannt, wie wichtig Partnerschaften und Allianzen sind, sei es mit anderen Unternehmen oder mit Start -up-Unternehmen und Verbrauchern. Daher sind offene Innovationsmodelle sogar in den wettbewerbsintensivsten und konservativsten Branchen immer üblicher geworden. Zusammenfassend lässt sich sagen, dass Innovation in einer Welt des schnellen Wandels, des technologischen Fortschritts und des harten Wettbewerbs nicht nur ein Luxus, sondern eine Notwendigkeit ist. Um zu einem der Heldenunternehmen der neuen Ära zu werden, müssen sich Unternehmen und ihre Führung auf die Digitalisierung, eine Neuüberlegung ihrer Beziehungen zu den Kunden und die Zusammenarbeit konzentrieren.

Dazu muss ich anmerken, dass der Wandel heutzutage von disruptiven Geschäftsmodellen vorangetrieben wird. Damit meine ich nicht das Phänomen, dass Mitfahr-Apps die traditionellen Taxidienste ersetzen. Vielmehr verändert ein disruptives Geschäftsmodell die Branche grundlegend, gestaltet das Kundenerlebnis neu und verändert die Geschäftslogik der Wertschöpfung. Dies geschieht normalerweise, wenn der Neueinsteiger ein Produkt oder eine Dienstleistung anbietet, die der etablierte Akteur nicht übernehmen kann . So verlagert sich die Branche beispielsweise vom Softwareverkauf zu einem Abonnementsystem oder bietet Essenslieferungen als Hauptprodukt für isolierte Menschen an usw. In unserer Arbeit werden wir über die Unternehmen sprechen, die es geschafft haben, das Spiel der Disruption zu gewinnen , und detailliert beschreiben, wie sie effektiv gehandelt haben, aber auch, welche Risiken sie eingegangen sind. Im Text werden wir Fälle analysieren, in denen diese Unternehmen ein neues Wertversprechen anbieten, um für die Kunden attraktiv zu sein, die kundenzentrierte Logik artikulieren, neue Lieferwege erfinden – oder jede andere Arbeit leisten, die erforderlich ist, um ein gutes Geschäftsmodell wirklich disruptiv zu machen. Das Buch ist leicht zu lesen und bietet gleichzeitig viele hilfreiche Tools und Taktiken, die Ihnen dabei helfen, disruptiv zu denken und Innovationen zu erkennen, die

Ihre Konkurrenten übersehen haben. Ich lege großen Wert auf die praktische Dimension und zeige viele Beispiele aus der Praxis für solche disruptiven Geschäftsmodelle. Das Buch ist für Unternehmer nützlich, die ein neues Unternehmen gründen möchten, für Unternehmensleiter sowie für Leser, die wissen möchten, wie sich die Branchen gerade umgestalten.

Die Lektüre dieses Buches und der folgenden Kapitel wird Ihnen helfen, das aktuelle Geschäftsumfeld zu verstehen und zu erkennen, dass Disruption keine Phase ist, die wir gerade durchlaufen. Es ist der Status quo. Sie werden lernen, wie Sie vorhersagen können, wann Veränderungen eintreten werden, und wie Sie diese bewältigen können. Und Sie werden die Geheimnisse der Entwicklung Ihrer eigenen disruptiven Strategie entdecken, die es Ihnen ermöglicht, in Ihrem Bereich zum Marktführer zu werden. Wenn Sie lesen, welche großen Unternehmen dort erfolgreich waren, wo andere scheiterten, und wie Sie unabsichtlich eine Kultur der Innovation entwickeln, werden Sie die Praktiken kennenlernen, mit denen Sie in einer sich ständig verändernden Welt nicht nur überleben, sondern auch erfolgreich sein werden.

Kapitel 1 : Störungen im Geschäftsleben verstehen

Die Entwicklung von Geschäftsmodellen ist ein Beweis für die Anpassungsfähigkeit von Handel und Industrie. Im Laufe der Jahre haben sich Unternehmen verändert. Von traditionellen, linearen Modellen hin zu innovativeren, flexibleren Modellen, die den Anforderungen der komplexen kommerziellen Phänomene von heute gerecht werden. Dieser Wandel wurde durch die Entwicklung der Technologie, das Kaufverhalten sowie den Druck der globalen Wirtschaft auf Unternehmen beeinflusst. Um zu verstehen, wie Unternehmen in der heutigen Zeit funktionieren, müssen wir uns mit der Frage befassen, wie traditionelle Geschäftsmodelle durch die innovativen Ansätze ersetzt wurden, die heute in der gesamten Geschäftswelt weit verbreitet sind . In der Vergangenheit waren Geschäftsmodelle für diejenigen, die sie praktizierten, recht einfach und begrenzt. Jahrhundertelang waren sie für Unternehmen geeignet und beruhten auf einem starren System und einer starren Struktur. Interessanterweise gelang es Unternehmen im frühen Industriezeitalter, ihre interne Funktionalität und Organisation zu verändern. Unternehmen begannen nämlich, in einer hierarchischen Top-down-Ordnung zu operieren, in der der Entscheidungsprozess zentralisiert war. Es gab nicht so viele Waren zu verkaufen. Infolgedessen operierten Unternehmen produktzentriert. Da sie sich auf die Produktion konzentrierten, waren Unternehmen an Verhandlungen interessiert. Unternehmen versuchten, das Produkt so zu verbessern, dass es eine lange Lebensdauer hatte. Sie rationalisierten den Produktionsprozess und produzierten in großen Mengen, um Kosten zu sparen, denn je größer die Menge, desto billiger die Sache. Dementsprechend wurde bei der Produktion ein Volumen geschaffen. Der Vertriebsprozess umfasste somit bekannte oder neu angenommene Geschäfte. Der Erfolg wurde durch die Fähigkeit des Unternehmens bestimmt, seine Produktionskapazität zu optimieren und das Produkt auf den Markt zu bringen, das eine glaubwürdige Qualität bei gleichzeitig niedrigem Preis beibehielt.

Eine der ersten und bekanntesten Darstellungen eines Standardgeschäftsmodells ist wahrscheinlich das von Henry Ford erfundene Fließband. Henry Ford gelang es, ein innovatives Modell der Massenproduktion zu entwickeln, indem er den langen und komplizierten Produktionsprozess in kleinere Teile aufteilte. Wenn Arbeiter eingestellt wurden , mussten sie nicht in allem qualifiziert sein, sondern nur eine einfache Aufgabe erledigen können. Dadurch wurde die Notwendigkeit beseitigt, sich an einen anderen Prozess anzupassen. Dank dieses innovativen Modells gelang es Ford, im frühen 20. Jahrhundert das Modell T herzustellen. Um höhere Produktionsmengen zu erreichen, versuchten sie, die Kosten zu kontrollieren, was unerlässlich war, um eine einzelne Einheit des Modells T für Dutzende von Dollar herzustellen. So gelang es Ford, die Kosten des Fahrzeugs zu senken und es einer größeren Zahl von Verbrauchern zugänglich zu machen. Es ist anzumerken, dass dieses Modell dann von einer Vielzahl von Unternehmen verwendet wurde, die darauf abzielten, effizient zu sein, indem sie so viel wie möglich in kürzester Zeit produzierten und die Produktionskosten minimierten.

Traditionelle Geschäftsmodelle wie das von Ford dominierten die Industrien über weite Teile des 20. Jahrhunderts. Erfolg wurde durch die Fähigkeit eines Unternehmens definiert, zu expandieren und zu wachsen. Die Ära war geprägt von großen Konzernen, die die Produktion, den Vertrieb und die Lieferketten ihrer Produkte kontrollierten. Dies war ein Zeitalter der vertikalen Integration, in dem jedes Unternehmen versuchte, alles selbst zu machen. Obwohl diese Institutionen in einem nicht wettbewerbsorientierten Umfeld hohe Effizienzraten erzielten, hielten sie in ihren jeweiligen Branchen gegenseitig Monopole und Oligopole. Letztendlich gelang es ihnen aufgrund ihrer Ineffizienz und mangelnden Flexibilität nicht, sich ihren Platz auf dem Markt zu sichern. Gegen Ende des 20. Jahrhunderts gerieten Modelle, die fast 100 Jahre lang erfolgreich waren, aufgrund von Wettbewerb und Auswahl schnell auf der Strecke. Der Niedergang traditioneller Modelle und ihr Verschwinden vom Markt waren auf die Verschiebung der Ansätze hin zu einer unternehmenszentrierten Perspektive zurückzuführen. Als Unternehmen begannen, zu digitalisieren, eröffnete sich eine Welt voller Möglichkeiten für neue Vorgehensweisen. Unternehmen begannen mit dem Data Mining, der Verarbeitung und Analyse ihrer Daten in einem nie zuvor vorstellbaren Ausmaß. Der neue Ansatz konzentrierte sich nicht nur auf Produkte, sondern auf die Kunden und deren Bedürfnisse. Daher muss die

Lieferung nicht mehr auf Waren, sondern auf die Art und Weise erfolgen, wie Unternehmen den Kunden einen Mehrwert bieten. Dies hat den Markt in Richtung eines effizienteren, maßgeschneiderten Ansatzes bei der Kundenbetreuung getrieben.

Eine der entscheidensten Veränderungen in den Geschäftsmodellen kam mit dem Aufkommen des Internets in den 1990er Jahren. Es veränderte die Art und Weise, wie Unternehmen Geschäfte machen konnten, radikal und ermöglichte es ihnen, mit minimalen Investitionen auf globaler Ebene zu agieren. E-Commerce entwickelte sich als neues Geschäftsmodell für Unternehmen wie Amazon, eBay, Alibaba und viele andere, die Kunden direkten Zugang zu jedem Produkt boten und sich selbst als bloße Vermittler zwischen Käufern und Herstellern etablierten. Die Vorteile dieses Systems – von niedrigeren Preisen bis hin zu besserer Auswahl und Bequemlichkeit – zeigten offensichtlich, dass dies ein Weg der Zukunft war, während viele traditionelle Unternehmen mit Ladengeschäften obsolet wurden. Die Bedeutung des E-Commerce führte jedoch zur Entstehung eines anderen Geschäftsmodells – dem einer Plattform. Im Gegensatz zu Vermittlern verwalten Plattformen ein Ökosystem, das Hersteller und Verbraucher von Waren und Dienstleistungen verbindet; klassische Beispiele wie Uber, Airbnb oder sogar Facebook sind hochgradig skalierbar und verdienen Geld mit den Transaktionen zwischen den Nutzern ihrer Dienste – ob es sich nun um Transport, Unterkunft oder soziale Kommunikation handelt. Gleichzeitig schuf die zunehmend digitale Natur der Welt außerhalb des Geschäftslebens mehr Möglichkeiten für neue Umsatzmodelle. Das Abonnementmodell, das ursprünglich ein Produkt des Aufstiegs von Software und Cloud-Computing war, ist paradoxerweise ein nicht täuschend einfacher Austausch von Kundenbeziehungen. Anstatt einen einzelnen Kauf zu tätigen, wird den Kunden lediglich eine Miete des Produkts gewährt, was bedeutet, dass das Unternehmen, das den Service anbietet, dem Kunden kontinuierlich einen Mehrwert bieten muss. Software-as-a-Service-Unternehmen wie Salesforce, Adobe oder Microsoft haben dieses Modell mit großem Erfolg eingesetzt, während es sich schnell in anderen Sektoren durchsetzte, wie etwa in der Unterhaltungsbranche über Netflix oder Spotify oder in der Körperpflege über Anbieter wie Dollar Shave Club.

Darüber hinaus wurde der Übergang zur Innovation zusammen mit den Änderungen der Geschäftsstrategien realisiert, die nun auf Nachhaltigkeit und soziale Unternehmensverantwortung ausgerichtet sind. Da sich die Kunden immer mehr um Umwelt- und Sozialprobleme sorgen, haben sich die Geschäftsmodelle in Bezug auf ihre Einstellung zu diesen Problemen geändert. Die linearen Modelle des Wegbringens, Herstellens und Entsorgens von Waren wurden durch zirkuläre Geschäftsmodelle ersetzt, die sich auf die Wiederverwendung von Ressourcen, eine hohe Effizienz dieser Ressourcen und geringe Abfallmengen konzentrieren. Patagonia und IKEA sind einige der Unternehmen, die diesen Trend anführen und diese nachhaltigen Trends in ihren Kerngeschäften umsetzen, indem sie die Langlebigkeit ihrer Produktion, das Recycling von Waren und eine verantwortungsvolle Beschaffung fördern. Darüber hinaus konzentriert sich die moderne Geschäftswelt auch auf die Trends der Personalisierung und Anpassung. Im digitalen Zeitalter, in dem Unternehmen über die notwendigen Tools und Daten über ihre Kunden verfügen, um deren Erfahrungen zu analysieren und zu personalisieren, versuchen sie, diesen Trend in fast allen Geschäftsbereichen umzusetzen. So nutzen beispielsweise Unternehmen wie Nike, Apple und Amazon in der Mode- und Digitalbranche die Daten, um hochgradig personalisierte Angebote zu unterbreiten, die Bedürfnisse und Wünsche der Kunden zu kennen und darauf mit maßgeschneiderten Produkten zu reagieren. In einem hart umkämpften Umfeld ist die Fähigkeit zur Personalisierung einer der wesentlichen Vorteile der Unternehmen, anhand derer die Kunden ihre Produkte auswählen. Und schließlich ist eine der Auswirkungen der modernen Geschäftstransformation die Verlagerung hin zu innovativeren Organisationen. Der Hauptunterschied zwischen alten und modernen Organisationen ist die Starrheit der alten, die langsam ist, viele Regeln und Hierarchien hat und sich nicht an die äußere Umgebung anpasst. Moderne, innovative Unternehmen zeichnen sich dagegen durch Agilität und Dezentralisierung aus, indem sie beispielsweise flache Strukturen übernehmen, die bei Startups üblich sind, die Kreativität, Initiative und Marktreaktionen in den Vordergrund stellen.

Zusammenfassend kann man sagen, dass die Entwicklung traditioneller Geschäftsmodelle hin zu innovativen

Geschäftsmodellen als Symbol für den allgemeinen Anpassungsprozess an neue Bedingungen angesehen werden kann, der in einem sich schnell verändernden und sehr volatilen Umfeld besonders relevant ist. Während das traditionelle Modell auf Effizienz, Standardisierung und Kontrolle ausgerichtet war, ist der moderne Ansatz stärker auf den schnellen Wandel ausgerichtet und konzentriert sich auf Flexibilität, Nachhaltigkeit und Innovation als primäre Werte. Da sich die Geschäftswelt weiterhin schnell weiterentwickelt, sollten Unternehmen den sich entwickelnden Trends folgen und flexibel und veränderungsorientiert bleiben, da dies der Schlüssel zum Erfolg im gegenwärtigen Umfeld ist. Die Zukunft des Geschäfts gehört Unternehmen, die die sechs Werte nicht nur überwachen, sondern vielmehr schaffen.

Schlüsselkonzepte der Disruption: Was sie bedeuten und warum sie wichtig sind

Das Konzept der Disruption ist in der Geschäftswelt unglaublich wichtig geworden. Disruption verändert unsere Denkweise über Wettbewerb, Innovation und die Funktionsweise der Märkte. Im Kern ist eine Disruption ein Prozess, durch den ein kleineres und weniger einfallsreiches Unternehmen den amtierenden Marktführer einer Branche erfolgreich herausfordern kann . Disruptoren zielen typischerweise zunächst auf einen Teil des Zielmarkts ab, der vom führenden Unternehmen unterboten wird, und optimieren ihr Produkt, um es benutzerfreundlicher, billiger oder praktischer zu machen. Während die Disruptoren ihren Markt verbessern und erweitern, steigen sie in der Hierarchie auf und stürzen schließlich die Branchenführer. Das Erlernen dieser Konzepte kann für viele moderne Unternehmen von unschätzbarem Wert sein, die ihren Platz auf einem sich schnell verändernden Markt finden müssen , da es ihnen ermöglicht zu verstehen, wie neue Technologien und Geschäftspraktiken ganze Branchen umgestalten.

Der Begriff wird Clayton Christensen zugeschrieben und wurde in seinem Buch „The Innovator's Dilemma" öffentlich bekannt gemacht. Die Schlüsselkonzepte sind nachhaltige und disruptive Innovationen. Laut Christensen bleiben etablierte Unternehmen auf dem Markt, indem sie ihren Kundenstamm nachhaltige Innovationen bieten, die ihre Produkte besser und ihren Konsum angenehmer machen. Dabei richten sie jedoch ihre Aufmerksamkeit auf die Menschen, die die prominentesten und profitabelsten Verbraucher des Unternehmens sind. Dabei werden die Vorteile übersehen, die die Produkte weniger profitablen, wichtigen und manchmal unterversorgten Kunden bieten. Kleinere Unternehmen können die Mängel der etablierten Unternehmen optimal einschätzen und Innovationen anbieten, die zwar auf den ersten Blick schlechter erscheinen als die Angebote der Marktführer, aber die vernachlässigten Kunden optimal bedienen. Schließlich bieten diese Innovationen immer mehr Vorteile und die Produkte erobern den Markt und verdrängen die etablierten Unternehmen.

Disruption ist für Branchen von entscheidender Bedeutung, da sie das Potenzial hat, etablierte Unternehmen zu Evolutionsschritten zu zwingen. Marktführer in bedeutenden Branchen gewöhnen sich mit der Zeit oft an ihre Prozesse und ihre dominante Marktposition und erkennen daher nicht die Notwendigkeit einer umfassenden Überarbeitung ihres Geschäftsmodells, um die Wertschöpfung für ihre Kunden zu verbessern. Etablierte Unternehmen suchen sich oft alle verfügbaren Ausgaben bei ihren profitabelsten Kunden aus und konzentrieren sich dann darauf, diesem Segment ein immer besseres Erlebnis zu bieten. Während die kleinen, schrittweisen Verbesserungen, die etablierte Unternehmen im Laufe der Zeit vornehmen, kurzfristig wirksam sind, können sie langfristig jedoch problematisch sein. Solche Unternehmen haben möglicherweise Schwierigkeiten, zwischen nützlichen Trends, wie z. B. einer sich ändernden Kundennachfrage, und bestehenden Geschäftsmodellen zu unterscheiden, die die meisten Kunden bereits ausreichend zufriedenstellen. Daher stagnieren Branchen und es gibt keinen Anreiz, ihre Wertschöpfung oder das Erlebnis ihrer Kunden zu verbessern.

Disruptoren können ganz ohne wesentliche Änderungen auskommen, wenn sie in der Lage sind, einen minimalistischen, erschwinglichen und zugänglichen Ansatz zur Marktsättigung zu verfolgen. Solche Unternehmen zielen auf den Großteil des Marktes ab, den die etablierten Unternehmen nicht als ihre Zielgruppe betrachten, bieten ihnen zusätzlichen Nutzen und stellen sicher, dass sie ihre Bedürfnisse von Anfang an richtig befriedigen können. Während die Produkte und Dienstleistungen der Disruptoren zu Beginn ihrer Marktpräsenz wahrscheinlich nicht ausgereift genug sind, um die Bedürfnisse der Kunden der höchsten Preisklasse zu befriedigen, verbessern sie ihre Angebote im Laufe der Zeit, und es wird allmählich schwieriger, zwischen den Verwaltern des aktuellen Modells und den Disruptoren zu unterscheiden. Sobald die Verbesserungen der disruptiven Technologie das Niveau erreichen, auf dem sie den Bedürfnissen der Mainstream-Kunden entsprechen, übertreffen die ersteren die etablierten Unternehmen und verdrängen sie von ihren Positionen.

Der erste Grund, warum Disruption wichtig ist, ist ihre zunehmende Häufigkeit und Effektivität. Mit dem Aufstieg der digitalen Technologie sind Disruptionen in der jüngsten Vergangenheit häufiger und intensiver geworden. Wie Christensen erklärt, haben die digitalen Plattformen vielen neuen Unternehmern und Start-up-Unternehmen ermöglicht, ihre Kunden zu erreichen, ihre Marken zu entwickeln und ihre Ideen zu skalieren. So förderte Airbnb beispielsweise das Peer-to-Peer-Sharing von Unterkünften mithilfe digitaler Technologie, führte jedoch keine innovative Technologie ein. Dies schuf jedoch eine alternative und günstigere Möglichkeit, auf ganze Wohnungen oder Zimmer zuzugreifen, und störte die Hotelbranche. Darüber hinaus hat die Schaffung branchenweiter Online-Plattformen im Internet auch die Möglichkeit geboten, ein Geschäft auf unterschiedliche Weise neu zu entwickeln. Nehmen wir zum Beispiel, als Uber und Lyft die Transportbranche revolutionierten, indem sie es Menschen ermöglichten, Fahrten direkt über mobile Apps zu teilen. Die wichtigste Erkenntnis ist, dass der einfache Zugang es der Konkurrenz ermöglichte, neue Ideen zu entwickeln, die traditionelle Dienste überflüssig machten.

Der zweite Grund, warum Disruption wichtig ist, ist, dass sie die Struktur einer Branche verändern kann. In der Vergangenheit folgten viele Branchen Hierarchien, die leicht vorhersehbar waren, und einige wenige Akteure blieben mehrere Jahre lang dominant. So kannte die Hotelbranche beispielsweise 5-Sterne-, 4-Sterne- und 3-Sterne-Hotels und Pensionen. Mit dem Aufkommen von Airbnb können nun jedoch auch 1-Sterne-Häuser auf den Markt gebracht werden, und zwar zu erschwinglichen Preisen. Diese Art von Klasse gab es in dieser Branche zuvor nicht; die Mächtigen dieser Branche waren nicht in der Lage, die Aspekte ihrer Angebote vorherzusehen, die den Sektor profitabel machen würden. Der dritte Grund ist, dass Disruption manchmal die Struktur einer Branche völlig verändern kann. So wurden beispielsweise mit der Einführung des digitalen Fernsehens Streaming-Dienste wie Netflix zu den wichtigsten Akteuren in der Unterhaltungsbranche. Infolgedessen mussten Kabel- und andere Fernsehsender ihre Branchen umgestalten, um das Geschäft auf andere Weise durch die Verbreitung ihrer Kanäle zu erobern.

Disruption ist jedoch nicht unbedingt ein negativer Prozess. Obwohl sie oft Herausforderungen mit sich bringt, schafft sie auch Chancen für Wachstum und Entwicklung. Disruptive Veränderungen können für Unternehmen, die bereit sind, sie anzunehmen, eine Belohnung sein. In einigen Fällen verteidigten etablierte Unternehmen nicht nur ihre Position, sondern entwickelten auch weiterhin profitable Investitionen. Als sie die Bedrohung durch Disruption erkannten, gelang es einigen etablierten Unternehmen, ihre Geschäftsmodelle umzugestalten oder die Innovatoren zu absorbieren. Dadurch konnten sie ihren Marktanteil halten oder sogar steigern. So kann man beispielsweise feststellen, dass Microsoft, das mehrere Jahre lang als langsamer Riese galt, sich erfolgreich wandelt. Das Unternehmen stellte schnell auf die Entwicklung des Cloud Computing um und konzentrierte sich auf das Angebot des Azure-Cloud-Dienstes. Heute hat Microsoft endlich seinen Platz in der neuen Welt der sich schnell drehenden Kräfte der Marktzerstörung eingenommen. Der Erfolg war teilweise darauf zurückzuführen, dass das Management des Unternehmens die Zeichen der Zeit richtig erkannte und das Geschäft neu ausrichtete, was vor 10-15 Jahren für das Unternehmen, für das das letzte Jahrzehnt bestenfalls nach Verfall oder Alterung roch, viel Handschrift an der Wand bedeutete.

Insgesamt sollte Disruption uns dazu bringen, innezuhalten und über die Notwendigkeit nachzudenken, kundenorientiert zu sein . Der wichtigste Faktor, der Unternehmen erfolgreich machte, war die Konzentration auf die Marktnachfrage. Die Innovatoren, die Erfolg hatten, konkurrierten nicht mit alten Marktteilnehmern um Kunden und dachten sich aus, wie sie ihre weitgehend ähnlichen Technologien verbessern könnten, sondern schufen neue Technologien, die einen echten Mehrwert boten, wo ihn scheinbar niemand brauchte. Dies beweist, dass das Verständnis der Ideen und Prozesse des Kunden und seine Zufriedenheit mit neuen Bedingungen, auch wenn diese in der Geschichte eines Unternehmens oder Büros nicht die perfektesten und bequemsten waren, unerlässlich sind, wenn man eine Innovation einführen möchte.

Eine der Herausforderungen, die mit der Frage der Reaktion der etablierten Unternehmen auf die Disruption verbunden sind, ist das Dilemma des Innovators. Mit anderen Worten: Viele Unternehmen sind auf ihre bestehenden Geschäftsmodelle, Kundennetzwerke und ihre allgemeine Organisation angewiesen. Auch wenn große Unternehmen das Wesen der neuen Technologien und Ansätze erkennen, können etablierte Unternehmen ihren Prozess in den meisten Fällen nicht leicht durchlaufen. Dies ist auf die wesentliche Implikation dieser Aktivität zurückzuführen, die bestehenden Produkte der Unternehmen zu opfern, um ein völlig neues zu erhalten , das im Falle einer echten Disruption unterentwickelt ist. Dies bedeutet, dass die Abhängigkeit der Unternehmen von ihren erfolgreichsten Mitteln für Produkte und Kunden zum Grund wird, weshalb sie dem sogenannten Innovator-Dilemma effektiv ausgesetzt sind. Große Unternehmen vermeiden Innovationen mit der Begründung, dass die Konzentration auf ihre Kernprodukte und -kunden die vernünftigste Erfolgsstrategie ist. Gleichzeitig sind sie anfällig für Disruptionen am unteren Ende des Marktes, deren Hauptmerkmal die Zielfixierung auf den unteren Teil eines Marktes ist. In diesem Zusammenhang ist das Innovator-Dilemma das Paradoxon, das durch eine starre Konzentration auf erweiterte Formulierungen und die Gewinnung bestimmter Kundengruppen entsteht . Das Problem mit der Interaktion zwischen etablierten Unternehmen und Disruptoren ist also derart, dass die Aufmerksamkeit der Unternehmen entweder auf externe Einflüsse und die Ersetzung des zentralen Ziels durch Neulinge oder auf interne Faktoren und konkrete Umstände zu Verlusten führt.

„Die Zeiten ändern sich" – und das war anscheinend schon immer so. Letztendlich ist Disruption nicht nur ein Trend, sondern ein Kernelement der Veränderung und Transformation von Branchen aufgrund neuer Technologien und Anforderungen. Sie fordert bestehende Akteure heraus, verändert die Marktbedingungen und bringt Unternehmen zu Innovationen, die über bloße

Verbesserungen hinausgehen. Um auf modernen Märkten wettbewerbsfähig zu sein, muss man Disruption verstehen; tatsächlich ist dieses Wissen der Schlüssel, um Disruption zu seinem Vorteil zu nutzen und die Herausforderungen, die sie mit sich bringen könnte, zu mildern. Mit anderen Worten: Die einzige Konstante im Zeitalter sich ständig ändernder Technologien, Geschäfts- und Marktanforderungen ist Innovation und die Fähigkeit, sie anzunehmen.

Merkmale disruptiver Geschäftsmodelle

Disruptive Geschäftsmodelle sind einzigartig konstruierte Modelle, die es neuen Unternehmen ermöglichen, mit etablierten Branchen zu konkurrieren. Diese Modelle nutzen unerfüllte oder unzureichend bediente Marktbedürfnisse aus und schaffen einzigartige Möglichkeiten, Mehrwert zu schaffen, sei es zu geringeren Kosten, mit mehr Komfort oder mit einem verbesserten Kundenerlebnis . Solche Modelle scheinen den bestehenden Bedingungen unterlegen zu sein, können aber von bestehenden Marktführern übernommen werden und machen etabliertere Lösungen überflüssig, wenn sie über das Interesse der Mainstream-Kunden hinaus skaliert und verbessert werden. Ein entscheidendes Merkmal dieser Modelle ist, dass sie immer auf Kunden abzielen, die von etablierten Modellen übersehen werden. Sie werden oft entwickelt, um Märkte zu bedienen, die sich die bestehenden Preise nicht leisten können oder denen andere Ablenkungen fehlen, die von etablierten Unternehmen angesprochen werden. Disruptive Unternehmen beginnen normalerweise damit, Nischenkunden zu bedienen. In den frühen Tagen der Personal Computing beispielsweise begannen disruptive Unternehmen wie Apple und Microsoft mit dem Verkauf von Personal Computern. Diese Computer sind einfacher und erschwinglicher als die komplexen und teuren Mainframe-Systeme, die IBM damals verkaufte. Ein Hobbyist oder ein kleines Unternehmen, das sich keine teuren Maschinen leisten kann, wird als erstes diese billigen und benutzerfreundlichen Personal Computer einsetzen. Mit der Zeit wird das Produkt immer besser, bis es eine breite Akzeptanz findet und schließlich als Ersatz oder disruptive Lösung auf dem riesigen Markt auftritt.

Kostensenkung ist ein weiteres wichtiges Merkmal disruptiver Geschäftsmodelle. Normalerweise finden Disruptoren Wege,

Produkte oder Dienstleistungen zu weitaus niedrigeren Preisen als ihre Konkurrenten anzubieten, wodurch sie für eine breitere Zielgruppe zugänglicher werden. In einigen Fällen basieren diese Verbesserungen auf neuen Technologien, für deren Einsatz keine teure Ausrüstung erforderlich ist. Manchmal sind solche Einsparungen durch den Wegfall von Zwischenhändlern oder die Optimierung des Geschäftsbetriebs möglich. Im letzteren Fall können disruptive Unternehmen ihr Personal effizienter einsetzen und aufgrund der Online-Bestellung weniger Mitarbeiter benötigen. So hat beispielsweise das Konzept der Sharing Economy traditionelle Unternehmen gestört, indem es Einzelpersonen ermöglichte, Dienstleistungen für andere zu erbringen. Auf diese Weise müssen Verbraucher keine großen Unternehmen mit zahlreichen Spezialisten beauftragen, und Arbeitnehmer müssen sich nicht um die Beschaffung einer Anstellung und ausreichende Bezahlung kümmern. In ihren Bemühungen, eine solche Vereinfachung in den Bestellvorgang einzuführen, haben Airbnb und Uber Eigentümern von Privateigentum, die keine echten Geschäftsleute sind, die Möglichkeit gegeben, die Bedürfnisse anderer Menschen zu erfüllen. In diesem Sinne ist das Wachstum der Sharing Economy eines der anschaulichsten Beispiele sowohl für Kostensenkung als auch für einen Fokus auf Vereinfachung. Gleichzeitig stehen beide Unternehmen für einen benutzerfreundlichen Ansatz, da ihre Dienste in der Regel nicht automatisiert sind und weder fortgeschrittene technische Kenntnisse noch eine komplexe Vorbereitung erfordern.

Ein weiteres Hauptmerkmal disruptiver Geschäftsmodelle ist daher der konsequente Fokus auf Einfachheit und Benutzerfreundlichkeit. Während viele Kunden traditioneller Unternehmen anspruchsvolle und funktionsreiche Lösungen benötigen, gibt es viele, die nach möglichst einfachen und unkomplizierten Lösungen streben. Typischerweise zielen Disruptoren speziell auf solche Kunden ab und gestalten ihre Angebote besonders ansprechend, was die Einfachheit betrifft.

Zumindest teilweise basieren disruptive Geschäftsmodelle auf der Arbeit mit Hilfe neuer Technologien. Sehr oft sind solche Technologien entweder erst kürzlich erfunden oder noch nicht in vollem Umfang genutzt worden. Disruptoren können sie einführen und popularisieren, wenn es sich um eine bestehende Technologie handelt, oder sie können sie entwickeln und weiterentwickeln, wenn es sich um etwas völlig Neues handelt. In allen Fällen ermöglichen neue Technologien die Entwicklung neuer Interaktionsmethoden mithilfe digitaler Tools, vor allem über das Internet. Netflix ist ein gutes Beispiel für die erfolgreiche Nutzung neuer Technologien zur Disruption traditioneller Branchen. Das Unternehmen nutzte Streaming-Technologie und die Möglichkeit, Filme und Fernsehserien auf Abruf anzusehen, ohne dass dafür Disketten, CDs, Kassetten, Abonnements, Videos usw. erforderlich waren, mit anderen Worten, ohne dass physische Produkte gekauft oder vertrieben werden mussten, die sehr teuer sein können. Netflix nutzte die weit verbreitete Nutzung des Internets und von Heimcomputern und ermöglichte die digitale Übertragung von Videos, und das zu einem recht niedrigen Preis. Insgesamt ist die Nutzung digitaler Technologien ein besonderes Merkmal des disruptiven Geschäftsmodells, und viele, wenn nicht alle erfolgreichen disruptiven Geschäftsmodelle sind möglicherweise zumindest teilweise digital. Durch die kreative Umsetzung digitaler Innovationen können Disruptoren neue Geschäftsmodelle entwickeln, die mit den bestehenden konkurrieren und wesentlich bequemer und verfügbarer sind.

Ein weiteres Merkmal ist, dass jedes disruptive Geschäftsmodell sehr skalierbar ist. Traditionelle Geschäftsmodelle basieren auf großen Investitionen in Infrastruktur und Lieferkette und oft in verschiedene physische Vermögenswerte von Maschinen und Computern bis hin zu Gebäuden. Disruptoren entwickeln ihre Geschäftspläne hingegen so, dass sie leicht skalierbar sind und keine großen Anfangsinvestitionen erfordern, sobald sie Zugang zum Markt erhalten. In vielen Fällen wird dies mithilfe von Plattformen oder Netzwerken und sogenannten Netzwerkeffekten erreicht, deren Wirkung es ermöglicht, den Wert des Dienstes mit jedem neuen Benutzer des Dienstes zu steigern. Facebook und viele andere soziale Netzwerke haben traditionelle Kommunikations- und Werbesysteme verletzt und eine Plattform geschaffen, auf der Benutzer Gedanken und Bilder posten. Je mehr Menschen dem Netzwerk beitreten, je mehr Inhalte es gibt, desto mehr Gründe gibt es für die Menschen, dem Netzwerk beizutreten. Infolgedessen hat Facebook mehr als 2 Milliarden aktive monatliche Benutzer, und Milliarden von Menschen auf der ganzen Welt waren vom Aufstieg des sozialen Netzwerks betroffen. Dies ist in der Tat eine unglaubliche Leistung für ein Unternehmen jeder Größe, und es waren zu Beginn fast keine Investitionen in die Infrastruktur oder Lieferkette erforderlich.

Ein weiteres wichtiges Merkmal disruptiver Geschäftsmodelle ist ihre kundenzentrierte Natur. Um erfolgreich zu sein, müssen Disruptoren in der Lage sein, die Lücken zu erkennen, die von den bestehenden Systemen nicht abgedeckt werden, und ihr eigenes Angebot zu erstellen. Solche Unternehmen gehen oft auf die Bedürfnisse ihrer Zielkunden ein, die von traditionellen Unternehmen nicht abgedeckt werden. Meistens tun sie dies, indem sie ein besseres Kundenerlebnis in Betracht ziehen, d. h. eine persönlichere, bequemere oder schnellere Reaktion. So revolutionierte Amazon beispielsweise die Einzelhandelsbranche, indem es einen Online-Marktplatz schuf, der für seine Kunden äußerst praktisch war, da er eine eingehende Analyse der Kundendaten und personalisierte Empfehlungen ermöglichte. Eine solche Funktion hilft dem Unternehmen, Kundentreue aufzubauen, und schafft so eine tiefe Kluft zwischen traditionellen Einzelhändlern, die sich in erster Linie auf ihre Produkte und nicht auf die Bedürfnisse der Kunden konzentrierten. Da der Kunde im Mittelpunkt eines disruptiven Geschäftsmodells steht, entsteht durch die Konzentration auf die Anpassung der Unternehmensstrategien an die sich entwickelnden Kundenbedürfnisse eine erhebliche Kluft zu traditionellen Unternehmen, die sich mehr auf Produktverbesserungen und Produktserviceerweiterungen als auf die Kaufbereitschaft der Kunden konzentrieren.

Ein weiteres entscheidendes Merkmal erklärender Geschäftsmodelle ist die Anpassungsfähigkeit und Offenheit von Disruptoren gegenüber Veränderungen. Da sie nicht immer von Anfang an die Lücken kennen, die das System nicht abdeckt, basieren erfolgreiche Disruptoren oft zunächst auf einer einfachen Idee, bleiben aber im Laufe ihres Wachstums offen für Veränderungen. Diese Flexibilität ist von entscheidender Bedeutung, da sie es diesen Unternehmen ermöglicht, ihren Fokus basierend auf den vorhandenen Erkenntnissen neu auszurichten oder zu erweitern. Sobald eine Zielmarktnische eine bestimmte, nutzbare Lücke abdeckt, streben erfolgreiche Disruptoren danach, zu expandieren und die größere Marktnische zu dominieren. Tesla beispielsweise begann mit der Produktion hochwertiger Elektrofahrzeuge für umweltbewusste Kunden, die bereit waren, einen hohen Preis für ein unschädliches Produkt zu zahlen. Angesichts der ersten Ergebnisse nutzte das Unternehmen bald seine Schlüsselkompetenz – die erhaltenen Daten zur Herstellung von Elektrofahrzeugen – und begann mit der Produktion erschwinglicherer Versionen sowie der Schaffung einer globalen Ladeinfrastruktur, wodurch es zu einem der führenden Unternehmen im Automobilbereich mit einer viel größeren Marktnische wurde als ursprünglich geplant.

Darüber hinaus unterscheiden sich disruptive Geschäftsmodelle von traditionellen Geschäftsmodellen, indem sie die Wertschöpfungsketten bestehender Branchen neu definieren. Anstatt die Produktion, den Vertrieb und die Lieferung von Waren oder Dienstleistungen nach etablierten Mustern fortzusetzen, führen Disruptoren neue Logiken ein. Dies kann die Beseitigung von Zwischenhändlern, die Neuordnung von Lieferketten oder die Anwendung neuartiger Strategien zur Einbindung von Kunden bedeuten. So wurden beispielsweise seit jeher Korrekturbrillen über Optiker und Einzelhandelsgeschäfte verkauft. Da einige wenige große Unternehmen besaßen, waren diese wenigen Wettbewerber die einzige verfügbare Option. Warby Parker startete jedoch eine Plattform, auf der modische und günstige Brillen online verkauft wurden. Indem dieses Unternehmen Zwischenhändler aus dem Brillenverkaufsmarkt entfernte und auf eine Methode setzte, die den direkten Kontakt zum Kunden herstellte, störte es die Branche, die von einigen wenigen großen Wettbewerbern beherrscht wurde.

Zusammenfassend lässt sich sagen, dass disruptive Geschäftsmodelle sich in ihren Hauptmerkmalen deutlich von traditionellen Geschäftsmodellen unterscheiden. Sie zielen auf bisher unbesetzte Märkte ab, senken Kosten, vereinfachen Angebote, setzen neue Technologien ein, sind kundenorientiert und – zumindest potenziell – hochgradig skalierbar. Damit weichen die Disruptoren von bestehenden Vorstellungen der Wertschöpfung ab. Aufgrund ihrer hohen Anpassungsfähigkeit definieren disruptive Geschäftsmodelle die Wertschöpfungsketten bestehender Branchen neu und stehen in diesen neuartigen Umgebungen über ihnen. Da Disruption einer der Haupttreiber der heutigen Wirtschaft ist, die Marktbedingungen beeinflusst und Unternehmen dazu bringt, entweder Innovationen einzuführen oder zu verschwinden, ist es für moderne Unternehmen von entscheidender Bedeutung, die Hauptmerkmale solcher Modelle zu erkennen.

Fallstudien zu frühen Disruptoren und ihren Auswirkungen auf Branchen

Das Konzept der Disruption ist nicht neu, aber es ist kein Geheimnis, dass ihre Häufigkeit und Folgen im digitalen Zeitalter deutlich zugenommen haben. Verschiedene Unternehmen haben sich als Disruptoren erwiesen, die ganze Branchen umgestaltet und Marktmuster auf eine Art und Weise verändert haben, die für unmöglich gehalten wurde. In der Regel schätzen Kunden alle Innovationen neuer Unternehmen sowie neue oder einzigartige Lösungen für alte Probleme. Im Falle der frühen Disruptoren betraten neue Unternehmen oft einen Markt, der bereits mit großen Akteuren besetzt war, und waren in der Lage, einige Branchen zu verändern. Diese wichtigsten frühen Disruptoren können auch als „Branchengründer" betrachtet werden, die den Markt bei ihrem Eintritt aktiv veränderten. Einige der besten Beispiele dieses disruptiven Effekts helfen einem also , genau zu verstehen, wie Disruption funktionierte, warum sie erfolgreich war und warum sie im Hinblick auf ganze Branchen Spuren hinterließ.

Ich kann sagen, dass einer der berühmtesten frühen Disruptoren die Ford Motor Company war. Zu Beginn des 20. Jahrhunderts gehörte die Automobilindustrie den Herstellern von Luxusautos , und Autos selbst waren ein Luxusartikel, der in erster Linie für die breite Masse erschwinglich war. Damals waren Autos auf den Straßen der Städte ungewöhnlich, und der zukunftsorientierte Henry Ford schaffte es, die Branche durch die Erfindung des Modells T im Jahr 1908 zu revolutionieren. Ein Mann bemühte sich, Autos für einen durchschnittlichen Amerikaner erschwinglich zu machen, der die Möglichkeit, ein Auto zu kaufen, verwehrt hatte. Um dieses Ziel zu erreichen, gelang es Henry Ford, ein Fließband zu erfinden – ein revolutionäres Herstellungsverfahren, das die Produktionskosten drastisch senkte. Indem Ford eine komplexe Aufgabe bei der Montage eines Autos in kleine, einfache Schritte aufteilte, gelang es ihm, den Prozess drastisch zu beschleunigen und die Kosten eines Autos auf weit weniger als die seiner Konkurrenten zu senken. Die Auswirkungen von Fords Disruption waren also beispiellos. Das Modell T war das erste „Volksauto", das Millionen von Mittelklassemenschen auf der ganzen Welt kaufen konnten. Auch heute noch wird ein Auto als primäres Transportmittel angesehen und ist kein Luxusartikel. Erwähnenswert ist auch, dass Fließbandmethoden von Unternehmen auf der ganzen Welt und in verschiedenen Branchen übernommen wurden, um durch die Anwendung einiger Lösungen von Ford die Produktionseffizienz zu verbessern und die Kosten zu senken.

Ein früherer Disruptor war Kodak, und obwohl es ein frühes Beispiel ist, kann seine Geschichte eine Lehre über Erfolg und Misserfolg bei der Anpassung sein. 1888 brachte Kodak die erste Kamera für den Massenmarkt heraus und machte Fotografieren zu etwas, das jeder tun konnte. Vor Kodak war Fotografieren ein teurer und schwieriger Prozess und wurde häufig von professionellen Fotografen mit der richtigen Kameraausrüstung durchgeführt. Kodak revolutionierte die Branche, indem es eine einfache Kamera herstellte, die jeder verwenden konnte, und Filme entwickelte und verkaufte. Das Geschäftsmodell umfasste den Verkauf von Filmen und die Entwicklung der Fotos, und sein berühmter Slogan lautete: „Sie drücken den Knopf, und wir erledigen den Rest." Kodak erschütterte das etablierte Fotografiemodell, indem es den Kameraprozess zu einem einfachen Prozess machte, Fotografie für den Massenmarkt und nicht nur für Profis ermöglichte und eine Elitebranche demokratisierte. Das Großunternehmen produzierte diese Kameras über ein Jahrhundert lang und verwendete dieses Verfahren während eines Großteils seiner Geschichte. Kodak, das eine der ersten Digitalkameras entwickelt hatte, schaffte es nicht, die Verdrängung von Film und etabliertem Fotografiemodell durch die digitale Revolution zu akzeptieren; Der Wandel führte dazu, dass Unternehmen wie Canon und Nikon und später auch die Gründer Samsung und Apple den Markt beherrschten, während Kodak Schwierigkeiten hatte, sich von seiner Hauptprofitabilitätsquelle abzuwenden. Man kann daraus schließen, dass Kodak mit disruptiver Technologie erfolgreich war, aber scheiterte, und dass wir uns daher mit der Konstante des Wandels in der Branche ständig verändern sollten.

Ein weiterer früher Disruptor, IBM, hatte einen erheblichen Einfluss auf die Transformation der Computerbranche. Computer der Mitte des 20. Jahrhunderts waren groß und teuer und wurden fast ausschließlich von der Regierung und großen Unternehmen verwendet. 1953 revolutionierte IBM die Computerbranche, indem es den ersten kommerziell erhältlichen Computer vorstellte, den IBM 650, der speziell für Unternehmen entwickelt wurde. Während die überwiegende Mehrheit dieser frühen Computer schwierig zu verwenden war und spezifische Kenntnisse und Spezialisierung erforderte, war der IBM 650 kleiner, billiger und benutzerfreundlicher. Er wurde zu einem Werkzeug, das eine größere Anzahl von Unternehmen nutzen konnte. Diese Erfindung war nur der Anfang der Kommerzialisierung der Computertechnik und ebnete den Weg für die Entwicklung von Personalcomputern, die in den folgenden Jahrzehnten folgten. IBMs Disruption war wohl noch bedeutender, da sie maßgeblich zum Übergang von Computern von einer Nischentechnologie zu einem alltäglichen Werkzeug für Unternehmen beitrug. IBM führte in den folgenden Jahren weiterhin Innovationen ein und leistete bedeutende Beiträge zur Entwicklung von Großrechnern, Personalcomputern und Software . Doch ebenso wie Kodak wurde auch IBM Opfer der Disruption, als in den 80er und 90er Jahren andere Unternehmen, vor allem Microsoft und Apple, zu Vorreitern der Personal-Computer-Revolution wurden.

Southwest Airlines ist ein weiterer früher Disruptor, der die Flugbranche mit seinem Low-Cost- und No-Frills-Geschäftsmodell revolutionierte. Als Southwest 1967 gegründet wurde, war die Flugbranche von großen Fluggesellschaften geprägt, die komplexe, teure Dienstleistungen, einschließlich Mahlzeiten, und komplexe Routen anboten. Southwest revolutionierte die Branche plötzlich mit seiner Philosophie, die Dinge einfach, erschwinglich und effizient zu halten. Die Fluggesellschaft setzte ein Punkt-zu-Punkt-Routingsystem für den Transport ein, das nicht nur in Bezug auf die Umschlagszeit, sondern auch in Bezug auf die Flugrichtung schneller und effizienter war. Das Unternehmen konnte Zeitverschwendung vermeiden und günstigere Tickets anbieten. Was die Servicequalität angeht, entschied sich die Fluggesellschaft, auf einige unnötige Dienstleistungen wie Bordmahlzeiten oder zugewiesene Sitzplätze zu verzichten, was ebenfalls die potenziellen Kosten senkte. So war es dem Unternehmen möglich, einen einfachen, aber zuverlässigen Service zu niedrigeren Tarifen anzubieten, der eine große Zahl von Menschen anzog, die sich keine teuren Tickets leisten konnten. Die Konsequenz des disruptiven Geschäftsmodells des Unternehmens war, dass die etablierten Fluggesellschaften gezwungen waren, ihre Ticketpreise zu überdenken, während eine neue Billigfluggesellschaft geschaffen werden musste. Heutzutage sind die Billigfluggesellschaften ein wichtiger Teil der Flugbranche. Der Einfluss von Southwest Airlines ist so groß, dass seine Geschäftsprinzipien von anderen Fluggesellschaften auf der ganzen Welt übernommen werden mussten.

Apples Umbruch in der Personal-Computing- und Unterhaltungselektronikbranche ist eine der berühmtesten Fallstudien der Geschäftsgeschichte und hat zweifellos erhebliche Auswirkungen gehabt. Apple wurde 1976 gegründet und konzentrierte sich hauptsächlich auf die Produktion von Personalcomputern. Der Apple II war einer der ersten Personalcomputer für den Massenmarkt, der einen gewissen kommerziellen Erfolg erzielte. In dieser Hinsicht fand Apples erster großer Umbruch zu dieser Zeit statt und hing mit seinen technologischen Innovationen in diesem Bereich zusammen. Anfang der 2000er Jahre brachte Apple seinen bedeutendsten Umbruch hervor, nämlich den iPod, dem 2007 die Einführung des iPhone folgte. Das Apple-Telefon, das die Mobiltelefonbranche umbrachte, hatte auch Auswirkungen auf die Musik-, Kamera- und Softwarebranche. Seine Bedeutung lag in der Tatsache, dass es „das erste war, das Telefon, Musikplayer, Kamera und Internetbrowser in einem Gerät vereinte". So hat Apples Einführung des iPhone die Beziehung zu technologischen und Kommunikationsgeräten verändert, aber seine Auswirkungen reichten noch weiter. So hat beispielsweise die Einführung des iPhone die moderne mobile App-Ökonomie geprägt, da 2008 der erste iPhone-App-Store eingeführt wurde. Zu diesem Zeitpunkt begann die Disruption des bestehenden stationären Mobiltelefonmarktes, wobei Nokia, Motorola und Blackberry, die sich nicht anpassten, zu diesem Zeitpunkt praktisch irrelevant waren. Mit dem iPhone hat Apple es außerdem geschafft, zahlreiche Technologien zu kombinieren und Grenzen in Bezug darauf aufzuheben, ob bestimmte Smartphones einfach nur Telefone, Kameras, Musikplayer oder Personalcomputer sind.

durch den Einsatz neuer Technologien und die Veränderung des Kundenverhaltens eine ganze Branche auf den Kopf gestellt hat . Anfangs verschickte das Unternehmen DVDs zum Ausleihen per Post. Es handelte sich also im Wesentlichen um einen Dienst, der DVDs vermietete und mit den physischen Videotheken konkurrierte. Dennoch existiert so gut wie keine dieser Läden mehr, was sich dadurch erklären lässt, dass Netflix 2007 mit der Umstellung auf Streaming-Video begann. Der Dienst basiert auf einem Kundenabonnement, das es den Kunden ermöglicht, zu jeder beliebigen Zeit jeden gewünschten Film oder jede gewünschte Serie anzusehen. Die Umstellung hatte einen unglaublich starken Effekt auf den Videotheken- und Fernsehmarkt. Um Filme oder Sendungen anzusehen, musste man nicht mehr auf der Couch sitzen und die gerade ausgestrahlten Sender ansehen . Stattdessen konnten die Kunden auf Plattformen wie Netflix genau das auswählen, was sie wollten. Das Unternehmen begann dann, eigene Inhalte zu erstellen, darunter Filme und Fernsehsendungen, was seine Position erneut stärkte. Infolgedessen überlebten Tausende von physischen Läden die Umstellung nicht. Videotheken, die zuvor von diesen Läden aus betrieben wurden, existierten überhaupt nicht mehr, genau wie Videotheken. Netflix hat auch Fernsehsender, Kabelunternehmen und Filmentwickler vor große Herausforderungen gestellt, die sich an eine Welt anpassen müssen , in der alle Inhalte jederzeit angesehen werden können und nicht einem Zeitplan folgen . Obwohl Netflix nicht mehr der einzige große Streaming-Dienst ist, ist es immer noch einer der Hauptakteure der Unterhaltungsbranche.

Zusammenfassend kommen wir zu dem Schluss, dass sechs große, berüchtigte Disruptoren wie Ford, Kodak, IBM, Southwest Airlines, Apple und Netflix den Unternehmen gezeigt haben, dass neue Geschäftsmodelle, neue Technologien oder kundenorientierte Ansätze ganze Branchen auf den Kopf stellen können. Das erste Unternehmen wird einen erheblichen Vorteil haben, wenn es die neuen Bedürfnisse der Kunden erkennt und nach erstklassigen Innovationen verlangt. Die Folgen dieser Ereignisse waren für die Unternehmen und, was noch wichtiger ist, für die Branchen, in denen die Unternehmen konkurrierten, zu spüren, da sich die Unternehmen infolgedessen entweder anpassten oder ausstiegen. Wir möchten betonen, dass einige von ihnen versuchten, zurückzukehren und in ihrer Disziplin zu brillieren, obwohl die

Mehrheit von ihnen den Schaden, den die Disruptoren angerichtet hatten, auf sich nahm. Wir geben zu, dass es sehr schwierig und sogar sehr schmerzhaft sein kann, in einem gestörten Umfeld zu agieren oder sich an dieses anzupassen. Wir sind jedoch der Ansicht, dass eine solche Zeit als eine Zeit großer Chancen zur Umsetzung von Veränderungen und zum Wachstum betrachtet werden sollte, weshalb Veränderungen akzeptiert und begrüßt werden sollten . Dies bedeutet auch, dass die Unternehmen, denen es gelingt, den Wandel zu erkennen und ihn zu stören, in der Lage sein werden, die Branchen, mit denen sie interagieren, zu verändern. Wir sind daher zu dem Schluss gekommen, dass die oben genannten sechs Fallstudien hervorragende und wechselnde Beispiele dafür liefern, wie Störungen auftreten, warum sie so mächtig sind und wie sie sich global auf die Weltwirtschaft ausgewirkt haben.

Kapitel 2: Neue Trends bei Geschäftsinnovationen

Technologie ist einer der wichtigsten Treiber für Geschäftsmodellinnovationen. Sie definiert, wie Unternehmen Werte schaffen, liefern und erfassen. In den letzten Jahrzehnten haben technologische Entwicklungen ganze Branchen verändert und es Unternehmen ermöglicht, traditionelle Modelle neu zu gestalten und neue Wachstumschancen zu entdecken. Das Hauptkonzept hinter diesem Wandel ist die Vielseitigkeit der Technologie, die Unternehmen Instrumente bietet, um effektiver zu arbeiten, ein breiteres Publikum zu erreichen und bahnbrechende Produkte und Dienstleistungen zu entwickeln, die den Bedürfnissen der Kunden entsprechen. Eine der wichtigsten Auswirkungen der Technologie auf Geschäftsmodellinnovationen ist die Digitalisierung und Automatisierung von Prozessen.

Cloud Computing, künstliche Intelligenz, Big Data Analytics und robotergestützte Prozessautomatisierung sowie andere Tools ermöglichen es Unternehmen, ihre Betriebsabläufe kosteneffizienter zu gestalten und gleichzeitig ihre Entscheidungen zu verbessern. Cloud Computing beispielsweise ermöglicht Unternehmen eine schnelle Skalierung, indem es flexiblen, nutzungsabhängigen Zugang zu Computerressourcen bietet. Auf diese Weise müssen sie keine großen Anfangsinvestitionen in die physische Infrastruktur und das Management der Informationstechnologie tätigen. Unternehmen können Kosten senken und sich auf die Bereitstellung neuer Geschäftslösungen und die Wertschöpfung konzentrieren, anstatt sich auf die technologische Komponente zu konzentrieren. Unternehmen wie Amazon Web Services haben die Sichtweise von Unternehmen auf Technologieinfrastruktur verändert und bieten selbst kleinen Start-ups die Möglichkeit, auf globaler Ebene wettbewerbsfähig zu sein, unterstützt durch intelligente und kosteneffiziente Cloud-basierte Lösungen.

Die Technologie hat die Arbeitsweise von Unternehmen verändert, viele Prozesse rationalisiert und die Effizienz auf ganzer Linie gesteigert. Durch den Einsatz besserer Werkzeuge und Maschinen konnten Unternehmen Waren schneller und in höherer Qualität produzieren und Dienstleistungen erbringen. Die Vorteile der Technologie für Unternehmen beschränken sich jedoch nicht nur auf die betriebliche Effizienz. In den letzten Jahrzehnten konnten Unternehmen ihre Kunden auch auf neue und sinnvollere Weise finden und erreichen, was durch die zunehmende Macht des Internets und die Vielfalt mobiler Technologien möglich wurde.

Erstens haben Technologieunternehmen mit dem Aufkommen von E-Commerce, sozialen Medien und mobilen Apps die Art und Weise, wie sie online mit Verbrauchern interagieren, erneuert. Die Entwicklung und Einführung dieser Plattformen hat die Kundenbindung erleichtert und es Unternehmen in der Folge ermöglicht, personalisiertere Erfahrungen zu bieten, die genau auf den Geschmack der Verbraucher abgestimmt sind. Darüber hinaus haben die aus solchen Interaktionen gesammelten Daten bessere Einblicke in die Besonderheiten des Verbraucherverhaltens, wie Häufigkeit und Zeitpunkt, sowie Vorlieben und Online-Verhalten, ermöglicht.

Die Fähigkeit, diese spezifischen Verbraucherbedürfnisse vorherzusagen und zu erfüllen, steht im Mittelpunkt vieler erfolgreicher Technologieunternehmen. Netflix beispielsweise nutzt Datenanalysen, um seinen Nutzern auf Grundlage ihrer vorherigen Ansichten Serien und Filme zu empfehlen, während Amazon gezielte Browsing-Empfehlungen bereitstellt, um Käufe abzusichern. Diese Daten ermöglichen es außerdem, Waren und Dienstleistungen an die spezifischen Wünsche der Verbraucher anzupassen und so den Umsatz und die Markentreue zu steigern.

hatte auch weitreichendere Auswirkungen auf Unternehmen und ganze Branchen . Die Entwicklung, Gestaltung und Pflege digitaler Ökosysteme wie App-Stores und Online-Marktplätze haben es Verkäufern und Käufern aller Art ermöglicht, Transaktionen nach ihren eigenen Vorstellungen durchzuführen. Unternehmen wie Uber, Airbnb und Alibaba konnten ihre Geschäftsmodelle ausbauen und aufrechterhalten und ganze Branchen auf den Kopf stellen. Die Macht, die darin liegt, Dienstleister oder Warenanbieter schnell, effizient und sicher mit ihren unmittelbaren Kunden zu verbinden, kann kaum überschätzt werden. So hat Uber beispielsweise das gesamte Taxigeschäft auf den Kopf gestellt, indem es eine Plattform für private Fahrer und Pendler anbot und dabei alle regelmäßigen Systemprüfungen und Unternehmensgebühren umging. In ähnlicher Weise hat Airbnb die Welt der Hotellerie revolutioniert und Hausbesitzer angezogen, die ihre Zimmer und Wohnungen direkt an Reisende vermieten können, anstatt sich auf Hotelketten zu verlassen.

Andererseits ermöglichte die Technologie auch die Schaffung neuer Umsatzmodelle. Abonnementdienste sind in letzter Zeit sehr beliebt geworden, da Unternehmen von stabilen und stetigen Einnahmequellen profitieren. Digitale Technologien ermöglichten es, nicht nur ein einzelnes Produkt zu verkaufen, sondern eine kontinuierliche Beziehung zu einem Kunden über einen längeren Zeitraum hinweg aufzubauen. Spotify und Netflix bieten Kunden Zugang zu Musik bzw. Filmen über monatliche Abonnementgebühren statt über einmalige Käufe. Dieses Geschäftsmodell schien in praktisch jeder Branche zu funktionieren, von Software-as-a-Service Adobe und Salesforce bis hin zu den Direktvertriebsunternehmen Dollar Shave Club und Blue Apron. Darüber hinaus ist die Geschäftswelt ein Paradebeispiel dafür, wie Technologie die Entwicklung neuer Umsatzmodelle erleichtert hat. Das Internet und die sozialen Netzwerke machen es einfach, eine Follower-Basis aufzubauen und das Abonnement eines YouTube- oder Instagram-Influencers zu verkaufen. Die Lieferung von Lebensmitteln wurde bequemer, da Drohnen in den Lieferservice eingeführt wurden. Auch die Indoor-Garnelenzucht wurde dank moderner Technologien möglich. Wavemaker Labs, ein in Singapur ansässiges Unternehmen, entwickelte eine Reihe von Produkten zur Automatisierung des Prozesses, von der Fütterung der Garnelen bis zur Wasseraufbereitung. Zusammenfassend lässt sich sagen, dass die Technologie den Unternehmen sowohl dabei geholfen hat, Kosten zu sparen, als auch die Schaffung neuer Umsatzmodelle ermöglicht hat.

Die Schlussfolgerung, dass moderne Geschäftsmodellinnovationen untrennbar mit Technologie verbunden sind, ist durchaus berechtigt. Erstens hat Technologie es Unternehmen ermöglicht, auf globale Märkte zuzugreifen. Die Entwicklung des Internets und digitaler Plattformen hat die Markteintrittsbarrieren, die Unternehmen daran hinderten, internationale Kunden zu erreichen, weitgehend beseitigt. E-Commerce-Plattformen, digitales

Marketing und Online-Zahlungssysteme ermöglichen es heute sogar kleinen und mittleren Unternehmen, ihre Produkte und Dienstleistungen an einen breiteren Kundenstamm zu verkaufen. Die Globalisierung der Unternehmen hatte enorme Auswirkungen auf Sektoren wie den Einzelhandel, wo Unternehmen wie Alibaba und Shopify Millionen von Unternehmern geholfen haben, von Grund auf zu internationalen Herstellern zu werden. Zweitens hat Technologie Geschäftsmodellinnovationen ermöglicht. Neben der Digitalisierung von Unternehmen und der Ermöglichung neuer Arten der Interaktion mit Kunden hat Technologie Unternehmen dabei geholfen, Plattform-Ökosysteme zu schaffen, die die Produkte oder Dienstleistungen anderer Unternehmen vermarkten. Alles in allem kann man zu dem Schluss kommen, dass Technologie tatsächlich den Kern moderner Geschäftsmodellinnovationen bildet: Wer bereit ist, sie anzunehmen, wird erfolgreich sein und sein Unternehmen dabei unterstützen, zu wachsen und auf einem sich ständig verändernden Markt wettbewerbsfähig zu bleiben.

Aktuelle Trends wie Sharing Economy, Abo-Dienste und Plattform-Geschäfte

Im modernen Kontext sind zahlreiche Trends im Geschäftsumfeld entstanden, die die Entwicklung von Branchen erheblich beeinflusst und zusätzliche Anforderungen seitens der Verbraucher geschaffen haben. Zu den einflussreichsten Trends im modernen Geschäft zählen die Sharing Economy, das Abonnement-Geschäftsmodell und das Plattformgeschäft. Alle drei sind eng mit der Entwicklung eines Phänomens wie der Technologie verbunden und stellen innovative Wege zur Wertschöpfung dar. Das Verständnis dieser Trends ist für Unternehmen, die auf dem sich ständig verändernden Markt wettbewerbsfähig bleiben möchten, von entscheidender Bedeutung. Die Sharing Economy kann als eine der herausragenden Tendenzen der letzten Jahre bezeichnet werden. Im Allgemeinen kann die Sharing Economy als Wirtschaftsmodell betrachtet werden, bei dem Einzelpersonen mit anderen Personen und Unternehmen verbunden werden, um ungenutzte Vermögenswerte oder Fähigkeiten gegen eine Gebühr auszutauschen oder zu teilen. Dank technologischer Innovationen konnten sich Einzelpersonen über das Internet über Smartphone-Apps und Websites vernetzen und echte wirtschaftliche

Vereinbarungen treffen, um Waren und Dienstleistungen zu teilen, Ian et al., 2019. Der Trend beeinflusste verschiedene Branchen, darunter Beispiele wie Uber und Lift im Transportbereich und Airbnb im Gastgewerbe.

Diese Firmen entwickelten Sharing-Plattformen und schufen eine Möglichkeit für Personen mit ungenutzten Vermögenswerten wie Autos oder Zimmern zur Miete. Diese Möglichkeit führte zu einem der meistdiskutierten Trends in der modernen Geschäftswelt. Die Sharing Economy bot allen Beteiligten zahlreiche Vorteile, denn im Gegensatz zu den traditionellen Methoden, ein Taxi zu bestellen oder ein Hotelzimmer zu buchen, bietet diese Variante den Menschen die Möglichkeit, mit ihren Besitztümern Geld zu verdienen. Es scheint für den Transportsektor besonders wichtig zu sein, den Menschen zu ermöglichen, ihre Autos zu vermieten, wenn sie nicht genutzt werden, anstatt sie für die Arbeit zu benötigen. Die Möglichkeit, Autos auf dem Weg ins Büro mit anderen Fahrern zu teilen und mit minimalem Aufwand zu deren Ausgaben beizutragen, bietet den Einzelnen erhebliche Vorteile und bringt dem Unternehmen Gewinn.

Ein weiterer bedeutender Trend, der in den letzten Jahren wieder aufgetaucht ist, ist das Geschäft mit Abonnementdiensten. Abonnementbasierte Modelle bedeuten, dass Kunden eine Gebühr zahlen, um weiterhin Zugriff auf das Produkt oder den Dienst zu haben. Dies ist seit vielen Jahren eine beliebte Methode für Fernsehanbieter, Zeitungen und verschiedene andere Unternehmen. Abonnementdienste haben sich jedoch im letzten Jahrzehnt besonders durchgesetzt, da sie in Branchen von Medien über Kleidung bis hin zu Software zu einem beliebten Geschäftsmodell wurden . Dies ist in erster Linie darauf zurückzuführen, dass Unternehmen wie Netflix, Spotify und Amazon Prime äußerst erfolgreich wurden, indem sie ein einziges, unbegrenztes monatliches Abonnement für alle ihre Inhalte oder Dienste anboten. Darüber hinaus wurden in der B2B-Softwarebranche zuvor einmalig gekaufte Programme, die auf Computern installiert wurden, ebenfalls auf Abonnementdienste umgestellt – Unternehmen wie Adobe, Microsoft und NetSuite bieten ihre Programme als Webdienste an, erheben jedoch weiterhin eine Abonnementgebühr anstelle einer einmaligen Zahlung und bieten den Kunden kontinuierliche Updates und neue

Funktionen. Der Hauptvorteil von Abonnementdiensten besteht darin, dass sie eine kontinuierliche Beziehung zu den Kunden aufbauen, wodurch Unternehmen auf ihre Bedürfnisse eingehen und aufgrund des zusätzlichen Gesamtwerts der Abonnements möglicherweise die Kundenabwanderung verringern können. Für Kunden sind Abonnementdienste eine bequemere Möglichkeit, die Produkte oder Dienstleistungen zu nutzen, da keine regelmäßigen Transaktionen erforderlich sind. Die meisten Unternehmen, die Abonnementdienste anbieten, verlassen sich außerdem stark auf Daten und Analysen, die sie verwenden, um auf die individuellen Bedürfnisse und Vorlieben der Kunden einzugehen. Im Vergleich zu anderen Unternehmen können Abonnementdienste die qualitativen und dauerhaften Aspekte der Interaktion mit den Kunden verbessern, indem sie ständig mit ihnen interagieren und maßgeschneiderte Produkte oder Dienstleistungen anbieten.

Ein dritter bedeutender Trend in der Wirtschaft, der verschiedene Märkte und Branchen unweigerlich umgestaltet , ist der Aufstieg plattformbasierter Unternehmen. Diese Unternehmen verwenden Plattformgeschäftsmodelle, bei denen ein Unternehmen ein Ökosystem schafft, das Kunden, Verkäufer, verschiedene Dienstanbieter oder andere Unternehmen vereint. Diese Unternehmen fungieren als Vermittler zwischen den beiden Parteien und schaffen die notwendige IT-Infrastruktur, damit sie kommunizieren können. Im Vergleich zu einem traditionellen linearen Unternehmen mit einer zentralen Wertschöpfungskette steigern Plattformunternehmen ihren Wert, indem sie Verbindungen herstellen, anstatt innerhalb dieser zu agieren. Die wichtigste Wertquelle für diese Unternehmen ist der bereits erwähnte Netzwerkeffekt, der besagt, dass ein Dienst für jeden seiner Benutzer wertvoller wird , wenn auch andere Benutzer dem Dienst beitreten. Ein Beispiel hierfür wäre Twitter, wo, je mehr Benutzer sich für den Dienst anmelden, desto mehr Personen andere Benutzer Tweets senden können.

Plattformunternehmen gehören heute zu den erfolgreichsten Unternehmen der Welt. Amazon ist eine der Plattformen mit den meisten Verkäufen. Es ist eine der weltweit größten E-Commerce-Plattformen und verbindet Millionen von Käufern mit Verkäufern aus der ganzen Welt. Auf der anderen Seite ist Facebook oder Instagram das Geschäftsmodell, das Menschen und

Werbetreibende als Social-Media-Plattform zusammenbringt. Ein weiteres Beispiel sind Uber und Airbnb, Unternehmen, die Menschen transportieren oder Menschen mit Gastgebern verbinden. Zusammenfassend lässt sich sagen, dass diese Unternehmen einen enormen Einfluss auf traditionelle Märkte hatten, indem sie effizienter, größer und benutzerfreundlicher waren. Durch die direkte Verbindung der Parteien senken Plattformen die Transaktionskosten und bieten Komfort. Da Plattformen aufgrund der zunehmenden Anzahl von Servicemitgliedern und Benutzern beliebter werden, profitieren sie außerdem von Netzwerkeffekten, werden für jedes Mitglied mit zunehmendem Wachstum wertvoller und beliebter. Dies hat dazu beigetragen, viele Plattformen in einer Reihe neuer Märkte zu schaffen; Etsy hat beispielsweise einen Markt für unabhängige Kunsthandwerker und Handwerker geschaffen. Upwork und Fiverr haben Homeoffice-Dienste geschaffen, und Unternehmen haben Zugang zu einem Pool globaler Talente, der durch kein Geschäftsmodell behindert wurde. Die Fähigkeit, durch seine Größe und Skalierbarkeit viele Investoren anzuziehen, bringt den Investoren einen erheblichen Mehrwert. Daher sollten sich Unternehmen und Verbraucher der wichtigsten Kräfte im modernen Geschäftsumfeld von heute bewusst sein: der Sharing Economy, Abonnementmodellen und Plattformen. Dies ist der beste Weg, um Kunden in der modernen Welt im Jahr 2022 einen Mehrwert zu bieten.

Der Aufstieg digitaler Unternehmen und virtueller Geschäftsmodelle

Die heutige Weltwirtschaft unterscheidet sich grundlegend von der, die wir vor einem Jahrzehnt kannten, und zwar aufgrund des Aufstiegs digitaler Unternehmen und virtueller Geschäftsmodelle. Diese Unternehmen existieren vom ersten Tag an und konzentrieren sich voll und ganz auf digitale Plattformen, Produkte und Dienstleistungen, wobei sie Technologie als treibende Kraft zur Weiterentwicklung ihres Geschäfts nutzen. Im Gegensatz zu traditionellen Unternehmen, die digitale Lösungen einführen könnten, um mit der Konkurrenz Schritt zu halten oder ihre Betriebsabläufe zu verbessern, bauen virtuelle Unternehmen ihr Wertversprechen auf digitalem Engagement, einer virtuellen Infrastruktur und nahtlosen Online-Erlebnissen auf. Dieser große

Wandel wurde durch die beschleunigte Einführung und Verbesserung von Technologien sowie die zunehmende Verfügbarkeit des Internets und die sich ändernden Verbraucherpräferenzen ermöglicht. Digital-First-Unternehmen unterscheiden sich in vielerlei Hinsicht stark von ihren traditionellen Gegenstücken, da sie aufgrund ihrer virtuellen Natur weniger physische Vermögenswerte benötigen und so schneller wachsen und flexibler sein können. Diese Unternehmen verlassen sich auch in hohem Maße auf Cloud Computing, Big Data, KI und Automatisierung. Virtuelle Unternehmen können Kunden in jedem Teil der Welt erreichen und systematisch Daten über ihre Aktivitäten sammeln, um fundierte Entscheidungen zu treffen und ihre Erfahrungen zu personalisieren. Und schließlich können Unternehmen, die virtuelle Geschäftsmodelle nutzen, auch ohne physische Präsenz an vielen Standorten im Land oder in manchen Fällen auf der ganzen Welt agieren. Stattdessen ermöglichen Online-Plattformen, soziale Medien und digitales Marketing ihnen, persönliche Beziehungen zu Kunden auf der ganzen Welt aufzubauen. Diese enorme Reichweite ist besonders wertvoll für E-Commerce-, Fintech- und Digital-Content-Unternehmen, die ihre Produkte weltweit verkaufen, dafür aber nur eine minimale physische Präsenz benötigen.

Darüber hinaus ebnet der Kontext, in dem solche Unternehmen tätig sind, den Weg für eine neue und hochinnovative Art der Geschäftsabwicklung. So können digital ausgerichtete Unternehmen ihren Kunden ein Maß an Komfort und individuellem Service bieten, das traditionelle Unternehmen nicht vollständig bieten können. Unternehmen nutzen Datenanalyse und künstliche Intelligenz, um ihre Waren und Dienstleistungen an die Wünsche einzelner Kunden anzupassen und so personalisiertere Produkte und Dienstleistungen anzubieten. So können E-Commerce-Plattformen den Verbrauchern beispielsweise die Produkte anbieten, für die sie den Anzeigeverlauf, frühere Einkäufe und ihre Verhaltensdaten eingesehen haben. Anbieter digitaler Inhalte können ihren Kunden je nach Online-Anzeigeverhalten des Verbrauchers individuelle Videos zum Ansehen anbieten. Dieser Ansatz führt zu einer hohen Kundenzufriedenheit mit der Verfügbarkeit der erforderlichen und qualitativ hochwertigen Waren und Dienstleistungen, einer erhöhten Kundentreue und einem Umsatzwachstum.

Virtuelle Geschäftsmodelle, die mit dem Aufstieg digitaler Unternehmen entstanden sind, haben es den Unternehmen ermöglicht, flexibler zu sein. Fernarbeit, virtuelle Zusammenarbeit und geografisch verteilte Teams sind für viele digitalisierte Unternehmen zum Standard geworden. Diese Unternehmen bauen oft auf einer virtuellen Belegschaft auf, die es ihnen bereits ermöglicht hat, die besten Mitarbeiter der Welt einzustellen, anstatt durch die Notwendigkeit eingeschränkt zu sein, im Firmengebäude zu arbeiten. Somit trägt das Unternehmen nicht die Kosten für physische Büroräume und Mitarbeiterhardware und kann die Anzahl der Vollzeitmitarbeiter, Freiberufler oder Auftragnehmer unabhängig bestimmen. Dieser Geschäftsansatz in einer virtuellen Cloud-Umgebung hat sich in den Branchen Softwareentwicklung, digitales Marketing und Kundendienst als besonders effektiv erwiesen.

Die COVID-19-Pandemie hat den Wechsel zu ausschließlich oder größtenteils digital ausgerichteten Unternehmen und virtuellen Geschäftsmodellen nur beschleunigt. Da die Lockdown-Maßnahmen aufgrund der Infektionsgefahr häufig Einschränkungen für Verbraucher bei der Rückkehr in physische Geschäfte beinhalteten und das Einkaufen im Internet immer beliebter wurde, verzeichneten Unternehmen, die auf digitale Liefer- und Einkaufsketten umgestiegen sind, einen Anstieg der Nachfrage und des Wachstums. Um sich an den gestiegenen Wettbewerb anzupassen, mussten traditionelle Unternehmen entweder ihre eigene digitale Kette gründen oder zu einem virtuellen Unternehmen werden. COVID-19 hat die digital ausgerichteten Unternehmen einem Stresstest unterzogen und ihre hohe Widerstandsfähigkeit und ihr weiteres Wachstum in einer Weltwirtschaft unter Beweis gestellt, die durch die Pandemie schwer gestört wurde.

Zusammenfassend lässt sich sagen, dass die Zukunft der Wirtschaft in den digital ausgerichteten Unternehmen und virtuellen Geschäftsmodellen liegt, die neue Tendenzen bei der Nutzung und Schaffung von Werten aufweisen. Die neue Geschäftsregel – der Einsatz digitaler Technologien, um das Geschäft effizienter, skalierbarer und persönlicher zu gestalten – zeigt keine Anzeichen einer Umkehr, denn die digital ausgerichteten Unternehmen haben sich unter den Bedingungen einer globalen Pandemie einem

Stresstest unterzogen und weisen weiterhin ein hohes Wachstum bei Nachfrage und Relevanz auf.

Beispiele für Unternehmen, die diese Trends erfolgreich nutzen

Zahlreiche Unternehmen haben erfolgreich Digital-First-Strategien und vollständig virtuelle Geschäftsmodelle umgesetzt und sind dadurch zu Branchenführern geworden. Dabei haben sie Technologien und Innovationen eingesetzt, die völlig neue Wege der Wertschöpfung ermöglichten. Diese Unternehmen zählen zu den herausragendsten Beispielen dafür, wie Digital-First-Denken zu bahnbrechendem Erfolg geführt, Branchen verändert und neue Standards in der Kundenbindung und bei Betriebsabläufen etabliert hat. Das herausragendste Beispiel für einen solchen Erfolg ist wahrscheinlich Amazon, das als Online-Buchhandlung begann, sich aber schnell zu einer der größten E-Commerce-Plattformen der Welt entwickelte.

Seit seiner Gründung war Amazons Geschäftsansatz digital geprägt und konzentrierte sich darauf, digitale Technologien zu nutzen, um Kunden einen bequemen, vielfältigen und kostengünstigen Einkauf von Waren zu ermöglichen. Das Unternehmen erweiterte sein Angebot rasch über den Bücherhandel hinaus und erweiterte sein Angebot um eine breite Palette von Konsumgüterkategorien, wodurch es eine starke Position im Einzelhandel erlangte. Durch den Einsatz von Datenanalysen und ausgeklügelten Empfehlungsalgorithmen sowie die Entwicklung eines der modernsten Logistiknetzwerke der Welt kann Amazon seinen Kunden ein hochgradig personalisiertes Angebot sowie eine Vielzahl von Lieferoptionen bieten, von denen einige im Rahmen des Amazon Prime-Abonnements eine Lieferung am nächsten Tag ermöglichen. Der Fokus des Unternehmens auf digitale Innovationen geht über den E-Commerce hinaus: Amazon Web Services ist eine führende digital geprägte Plattform für Unternehmen, die Cloud-Computing-Dienste anbietet.

Auch Netflix ist eines der Unternehmen, die in der digital geprägten Welt erfolgreich waren. Die Plattform war ursprünglich ein DVD-Verleih per Post, erkannte jedoch die Vorteile eines digital geprägten Geschäftsmodells, das es ermöglichen würde, Streaming-Dienste anzubieten. Darüber hinaus hat sich Netflix als

Unternehmen durch die Nutzung der wachsenden Fortschritte im Bereich digitales Streaming und Cloud Computing gewandelt und ist zu einem wichtigen Akteur der modernen Branche geworden, der die Entwicklung der Fernseh- und Filmindustrie vorantreibt. Seine Geschäftstätigkeit wurde von erheblichen Investitionen in die Analytik begleitet, die es dem Unternehmen ermöglichen, Informationen über die Vorlieben der Benutzer sowie über die Ansätze, die zu den höchsten Konsumraten führten, zu nutzen, um Originalinhalte zu entwickeln. Die Produkte von Netflix, darunter Serien wie Stranger Things und The Crown, gehörten zu denen, die mithilfe seines analytikbasierten Modells erstellt wurden, das maßgeblich zu seinem Wachstum beitrug. Insgesamt sind die Erfolge von Netflix ein deutlicher Hinweis auf die Möglichkeiten, die mit dem Einsatz digital geprägter Geschäftsmodelle verbunden sind, und seine Serien tragen dazu bei, seine Attraktivität in einem ständig wachsenden und wettbewerbsintensiven Markt sicherzustellen.

Shopify ist auch zu einem Paradebeispiel für erfolgreiche, digital ausgerichtete Unternehmen geworden. Das Unternehmen entwickelte eine Plattform, die es seinen Kunden ermöglichte, ihre digitalen Schaufenster zu erstellen. Es bot eine Kombination digitaler Tools an, die es seinen Benutzern, Unternehmern und Firmen, erleichterten, eine E-Commerce-Plattform zu entwickeln. Das Modell profitiert vom zunehmenden Interesse sowohl einzelner Unternehmer als auch kleiner Unternehmen an der Arbeit über das digitale Medium und verleitet ihre Kunden zum Kauf der mit den Tools von Shopify erstellten Waren und Dienstleistungen. Darüber hinaus basieren die Modelle des Unternehmens auf Abonnements, wodurch es sich auf eine besser vorhersehbare Einnahmequelle verlassen kann, was einer der Hauptfaktoren für seine hohe Rentabilität und sein Skalenpotenzial ist.

Der Transportsektor ist das beste Beispiel für ein digital ausgerichtetes Unternehmen. Tatsächlich hat Uber seine Geschäftstätigkeit ausgeweitet, ohne eine „stationäre" Dimension zu entwickeln, und die Mobilität verändert, ohne ein einziges Fahrzeug zu besitzen. Das virtuelle Geschäftsmodell von Uber funktioniert über eine Anwendung, die darauf ausgelegt ist, potenzielle Fahrgäste zu gewinnen. Uber sammelt private Fahrer, die bereit sind, ihre Dienste anzubieten und „Fahrpreise für

Fahrten von bis zu 40 Meilen zu akzeptieren". Sobald Fahrer und Fahrgast verbunden sind, führt das System auch die beste Route, verfolgt die Fahrkünste und belastet das Fahrgeld sicher vom Konto des Fahrgastes. Dank fortschrittlicher Technologie kann Uber diese Anwendung in Echtzeit aktualisieren und Daten über Angebot und Nachfrage, die am häufigsten angefragten Ziele usw. sammeln. Diese Flexibilität ermöglicht es dem Unternehmen auch, sich schnell an Markt- und Verbraucherveränderungen anzupassen. So werden beispielsweise regelmäßig neue Apps zur Verbesserung des Benutzererlebnisses eingeführt. Darüber hinaus gelang es Uber, innerhalb weniger Jahre weltweit zu expandieren, und der Mangel an physischer Infrastruktur war ein großer Vorteil . Daher ist Uber eines der bekanntesten Beispiele für digital ausgerichtete Unternehmen, die uns dazu bringen, anders über Transport und Arbeit nachzudenken.

Eine ähnliche Rolle im Finanzsektor kommt Stripe allerdings zu. Anstatt einen einzelnen Benutzer, Empfänger und Zahlungen zu verwalten, hat das Unternehmen eine digitale Plattform geschaffen, die es Anbietern ermöglicht, ihre Gebühren problemlos und schnell zu erhalten. Das Unternehmen hat außerdem eine API entwickelt, die sich nahtlos in E-Commerce-Plattformen integrieren lässt und den Digital Natives das Leben erleichtert. Die Beschränkungen für den stationären Handel hatten keinen Einfluss auf das Wachstum und die Marktfähigkeit von Stripe und machten das Unternehmen zum stärksten Akteur im Fintech-Bereich.

Schließlich ist Zoom ein Beispiel für ein Unternehmen, das perfekt zur Idee digitaler und virtueller Geschäftsmodelle passt. Zoom ist ein Online-Videokonferenztool, das auf einer Cloud-basierten Plattform basiert. Während Covid-19 mussten zahlreiche Unternehmen, Schulen und Haushalte auf virtuelle Kommunikation umsteigen, und Zoom war eines der einfachsten, zuverlässigsten und verfügbaren Tools für diesen Zweck. Die Plattform des Unternehmens ermöglicht sowohl reguläre Videoanrufe als auch Webinare und erwies sich für Millionen von Benutzern weltweit als optimale Möglichkeit, auf Remote-Arbeit und andere Aktivitäten umzusteigen. Dank seiner Cloud-basierten Plattform konnte Zoom auf die schnell wachsende Nachfrage reagieren und über Nacht skalieren, um die Bedürfnisse der Benutzer zu erfüllen. Sicherheit, Zuverlässigkeit und eine äußerst benutzerfreundliche Oberfläche machten Zoom zum Marktführer in dieser Nische. Man kann daraus schließen, dass die zunehmende Bedeutung digitaler Modelle Unternehmen aller Art dabei helfen kann, den Wandel anzunehmen und aufgrund der verfügbaren technologischen Innovationen sofort auf die Situation zu reagieren.

Diese Beispiele beweisen, dass Digital-First-Unternehmen und virtuelle Geschäftsmodelle ein erhebliches disruptives Potenzial haben, Innovationen fördern und dank technologischer Ansätze ein schnelles Wachstum erzielen können. Solche Unternehmen sind in den Bereichen E-Commerce, Content Delivery, Transport, Finanzdienstleistungen und Fernkommunikation tätig. Sie revolutionieren die reguläre Geschäftspraxis , ermöglichen es Unternehmen, ihre Abhängigkeit von persönlichen Interaktionen zu verringern und die Entwicklung exzellenter Technologien zu fördern. Angesichts der zunehmenden Bedeutung von Digital-First-Modellen werden wahrscheinlich mehr Unternehmen diesem Beispiel folgen und die moderne Geschäftslandschaft beeinflussen.

Kapitel 3 : Die Abonnementwirtschaft: Über Produkte hinaus, hin zu Beziehungen

Unternehmen in zahllosen Branchen sind zu einem abonnementbasierten Modell übergegangen und haben damit die Art und Weise verändert, wie Kunden mit Marken interagieren und Produkte oder Dienstleistungen nutzen. Anstatt Kunden einmalig ein Produkt oder eine Dienstleistung zu verkaufen, bieten Abonnementdienste den Kunden ein Objekt, das sie verwenden können, oder einen Dienst, auf den sie gegen regelmäßige Gebühren zugreifen können. Infolgedessen ändert sich die Dynamik zwischen Unternehmen und Kunden ständig, wodurch der Wert, für den Verbraucher bereit sind, ein Abonnement abzuschließen, neu definiert wird. Insbesondere das Konzept eines kontinuierlichen und personalisierten Dienstes ist eine der bedeutendsten Änderungen. Selbst nach einem Kauf erwarten Kunden nun, dass Unternehmen ihnen über einen längeren Zeitraum hinweg passende Dienste oder Produkte anbieten. Anstatt einen Kauf als einmaliges Ereignis zu betrachten, das die Beziehung zu einem bestimmten Unternehmen in der Zukunft möglicherweise nicht beeinflusst, fördern Abonnementmodelle eine dynamische Beziehung, die erfordert, dass das Unternehmen regelmäßig mit den Kunden interagiert. Beispielsweise müssen Unternehmen regelmäßig Updates, neue Inhalte oder Verbesserungen bereitstellen. Gleichzeitig müssen Unternehmen kontinuierlich Feedback zur Erfahrung und zu Verbesserungsmöglichkeiten sammeln.

Zweitens sind Kunden anspruchsvoller, wenn es um die Bequemlichkeit oder Flexibilität geht, mit der sie auf einen Service oder ein Produkt zugreifen können. Dank der Zunahme von On-Demand-Inhalten und Essenspaketen sowie Abo-Boxen für Alltagsgüter können Unternehmen ihren Kunden genau das bieten, was sie wollen, wann sie es wollen. Auf diese Weise können Kunden ihre Präferenzen festlegen und Artikel sofort erhalten – sie müssen sich nicht darum kümmern, selbst in den Laden zu gehen oder sich bewusst um einen Artikel zu bemühen. Kontinuierliche Produktivität ist ein weiterer direkter Wunsch. Da Kunden jetzt regelmäßig zahlen, erwarten sie von den Unternehmen, denen sie ihr Geld anbieten, einen fairen Anteil an konstantem Wert. Beispielsweise kann ein Unternehmen seinen Stammabonnenten im Fall von digitalen Inhalten exklusive Shows oder Songs anbieten. Unternehmen, die physische Produkte anbieten, die Gaumen oder Ästhetik sein können, müssen ihren Wert hingegen durch die Bereitstellung eines gleichbleibend hohen Produktniveaus beweisen. Während ein einmaliger Kauf letztendlich keinen Einfluss auf zukünftige Interaktionen hat, erfordert ein Abonnementmodell ein hohes Maß an Kundenzufriedenheit. Kunden haben die Möglichkeit, ihr Abonnement zu kündigen, wenn sie unzufrieden sind. Letztlich liegt die Verantwortung dafür, dass die Kunden ihr Abonnement behalten, bei den Unternehmen, mit denen sie Geschäfte machen.

Vorteile und Herausforderungen der Implementierung eines Abonnementmodells

1. Warum sollte ein Unternehmen das Abonnementmodell für seine Waren oder Dienstleistungen aktivieren? Was sind die Hauptvorteile dieses Modells?

Das Abonnementmodell kann Unternehmen viele Vorteile bieten, ist aber auch mit einer Reihe von Herausforderungen verbunden. Einer der Hauptvorteile ist die Möglichkeit, vorhersehbare, wiederkehrende Einnahmen zu erzielen. Im Gegensatz zu traditionellen Geschäftsmodellen, bei denen Unternehmen von sporadischen Verkäufen abhängig sind, können Abonnements einem Unternehmen eine kontinuierliche, relativ stabile Einnahmequelle bieten. Dies ermöglicht eine bessere Planung auf Unternehmensseite, da es Ressourcen effektiver zuweisen und langfristige Wachstumsstrategien umsetzen kann. Darüber hinaus kann ein Abonnementmodell ein Unternehmen für Investoren attraktiver machen, da es ein stabileres und skalierbareres Umsatzmodell impliziert. Ein weiterer wichtiger Vorteil des Abonnementmodells ist die Möglichkeit, starke Beziehungen zu Kunden aufzubauen und deren Loyalität zu stärken. Je häufiger ein Kunde mit einem Unternehmen interagiert, desto mehr Daten können über ihn gesammelt werden, was dabei hilft, auf sich ständig ändernde Vorlieben einzugehen. Darüber hinaus können

Abonnementunternehmen, die sich durch ihren Fokus auf wiederkehrende Einnahmen auszeichnen , bessere Fähigkeiten und Technologien entwickeln, um die Kundenbindung zu fördern.

2. Warum sollte ein Unternehmen das Abonnementmodell für seine Waren oder Dienstleistungen nicht ermöglichen wollen? Was sind die Hauptrisiken?

Obwohl die Einführung des Abonnementmodells mit zahlreichen Vorteilen verbunden sein kann, ist es auch mit einigen Risiken verbunden. Das erste große Risiko, das mit der Einführung des Modells verbunden ist, ist die Herausforderung der Kundenakquise. Obwohl die Vorstellung wiederkehrender Einnahmen sowie die Möglichkeit, Kundenbeziehungen effektiver aufzubauen , attraktiv erscheinen mag, kann es schwieriger sein, Abonnenten zu finden, als einen einzelnen Verkauf abzuschließen. Kunden sind möglicherweise vorsichtiger, wenn es darum geht, einen langfristigen Kauf abzuschließen, insbesondere wenn sie nicht wissen, welchen Wert das Produkt oder die Dienstleistung für sie hat. Daher können erhebliche Marketinganstrengungen und Aktivitäten erforderlich sein, um dem Kunden das Modell zu erklären. Ein weiteres Risiko ist die Notwendigkeit, den Fokus auf die kontinuierliche Innovation des Produkts oder der Dienstleistung zu legen. Beim Abonnementmodell interagiert das Unternehmen kontinuierlich mit den Kunden, anstatt nur einmal einen Verkauf zu tätigen. Daher besteht die kontinuierliche Erwartung, das Leben der Kunden zu bereichern und sie davon abzuhalten, das Abonnement zu kündigen. Schließlich können selbst zufriedene Kunden das Abonnement kündigen, wenn sie es für zu teuer halten oder glauben, dass sie es zu einem bestimmten Zeitpunkt nicht benötigen. Daher müsste ein Abonnementunternehmen eine solide Strategie zur Kundenbindung entwickeln, was nicht immer eine leichte Aufgabe ist. Selbst wenn Kunden abwandern, können sie mit flexiblen Plänen oder anderen Ansätzen an ihre Bindung gebunden werden.

Fallstudien von Unternehmen wie Netflix, Spotify und Dollar Shave Club

Zahlreiche Unternehmen haben erfolgreich Abonnementmodelle eingesetzt, um eine Branche zu revolutionieren und sich zu Marktführern zu entwickeln. Die bekanntesten Beispiele sind

Netflix, Spotify und Dollar Shave Club. Netflix gehört zu den ersten und stärksten Disruptoren der abonnementbasierten Streaming-Branche. In den 1990er Jahren bot das Unternehmen einen DVD-Verleih per Post an. Nachdem Netflix den Videoverleihmarkt durch die Entwicklung einer Online-Vertriebslogik revolutioniert und die Konkurrenz deutlich unterboten hatte, drang es in den Streaming-Markt ein. Da digitale Inhalte aufgrund ihrer Bequemlichkeit und ihres sofortigen Zugriffs zur Wahl des modernen Verbrauchers wurden, verfügte Netflix über eine beeindruckende Infrastruktur an Daten zu Kundenpräferenzen. Daher schafft Netflix ein hochgradig personalisiertes Erlebnis für den Zuschauer, indem es anhand von Faktoren wie Inhaltslänge, Zusammenfassung und früheren Seherlebnissen bestimmt, welche Sendungen ihm gefallen. Der Schlüssel zum Erfolg des Unternehmens liegt im Inhalt, insbesondere in selbst produzierten Serien und Filmen wie Stranger Things und The Crown. Diese exklusiven Gerichte sind sehr beliebt und machen es in Kombination mit einem großen Datenvolumen den Wettbewerbern schwer, sich auf dem Markt so stark durchzusetzen. Mit der wachsenden Zahl von Wettbewerbern auf dem Markt wird die Bedeutung exklusiver Inhalte zunehmen, und man kann daher mit Sicherheit sagen, dass Netflix auch nach einer weiteren Integration der Branche an der Spitze bleiben wird. Der abonnementbasierte Streaming-Dienst von Spotify hatte ebenfalls große Auswirkungen auf die Musikbranche. Das Premium-Abonnement des Dienstes, das für die meisten Hörer geeignet ist, bietet werbefreies Hören und höhere Audioqualität und ermöglicht es Benutzern, im Offline-Modus zu hören. Das Hauptmerkmal ist jedoch eine praktisch unbegrenzte personalisierte Musikhörfunktion, die keine tatsächlichen zeitlichen Einschränkungen aufweist und nur 10 US-Dollar pro Monat kostet. Der Dienst ist einer der beliebtesten der Welt, und seine Methode, ein Produkt zu nutzen, das aufgrund externer Faktoren nicht voll ausgelastet ist, um sowohl dem Unternehmen als auch den Verbrauchern Vorteile zu verschaffen, war revolutionär. Ein weiteres Beispiel für ein Unternehmen, das ein Abonnementdienstmodell nutzt, um den Markt für physische Güter aufzumischen, ist Dollar Shave Club. Vor der Gründung des Unternehmens kaufte die überwiegende Mehrheit der Menschen Rasierer wie die von Gillette im Laden, da ihre Preise niedriger waren. So erreichte das Unternehmen die Marktdominanz mit einer Strategie, die zuvor von anderen Unternehmern verwendet wurde. Mit einem kostengünstigen Abonnementdienst, für den man sich einfach anmelden kann und der nach Hause geliefert wird, konnte Dollar Shave Club beträchtliche Einnahmen erzielen. Mit einer umfangreichen Marketingkampagne, die hauptsächlich über Videos und Social Media-Unterstützung durchgeführt wurde, und einem Produkt von gleicher Qualität wie das der Konkurrenz wurde Dollar Shave Club über Nacht zum Marktführer. Als der Wert des Unternehmens unbestreitbar wurde – innerhalb eines Monats, nachdem das Analyseunternehmen erklärt hatte, dass es 200 Millionen Dollar wert sei – wurde das Unternehmen von Unilever für 1 Milliarde Dollar gekauft. Der Fall Dollar Shave Club beweist, wie effektiv abonnementbasierte Modelle sind, um traditionelle Branchen aufzumischen.

Wichtige Überlegungen für Unternehmer, die an abonnementbasierten Diensten interessiert sind

Unternehmer, die die Einführung eines abonnementbasierten Dienstes in Erwägung ziehen, sollten mehrere wichtige Nuancen berücksichtigen, um den Erfolg ihres Unternehmens zu maximieren. Einer der wichtigsten Faktoren ist ein gutes Verständnis des Zielmarktes. Nicht alle Waren und Dienstleistungen eignen sich für das Abonnementmodell, und es ist notwendig, das Marktsegment zu erkennen, das durch ein Abonnement von seinen Produkten profitieren wird. Unternehmer sollten analysieren, ob ihr Angebot ein anhaltendes Problem löst oder einen kontinuierlichen Bedarf befriedigt, der Kunden langfristig an den Dienst binden kann. Beispielsweise eignen sich digitale Inhalte, häufig verwendete Produkte wie Pflegeartikel oder laufende Dienste wie die Verfügbarkeit von Software häufig für Abonnements. Auch die Preisstrategie sollte Priorität haben, da das Abonnementmodell geringere Vorlaufkosten voraussetzt, aber eine längere Kundenbindung erfordert, um Gewinne zu erzielen. Unternehmer sollten das optimale Gleichgewicht zwischen Erschwinglichkeit und Wert ihres Produkts oder ihrer Dienstleistung finden, da sie einen konstanten Strom von Abonnenten sicherstellen müssen. Sie können sich außerdem für mehrere Preispläne entscheiden, beispielsweise Mitgliedschaftsstufen oder Pay-as-you-go-Verfügbarkeit, um den unterschiedlichen Kundenbedürfnissen und Budgets gerecht zu werden.

Ein weiterer Problembereich ist die Kundenerfahrung, da abonnementbasierte Unternehmen von zahlreichen Interaktionen mit Kunden profitieren. Unternehmer sollten eine Technologie und Organisationsstruktur wählen, die eine effiziente Einarbeitung, individuelle Empfehlungen und Kündigungsmöglichkeiten ermöglicht. Je reibungsloser und intuitiver der Prozess, desto wahrscheinlicher ist es, dass der Kunde eine langfristige Beziehung eingeht, und umgekehrt führen etwaige Probleme und Hindernisse zu einer sofortigen Abwanderung. Unternehmer sollten auch Strategien zur Kundenbindung in Betracht ziehen, da selbst bei der besten Vorgehensweise ein Teil der Kunden sich dazu entschließen wird, ihr Abonnement zu kündigen. Regelmäßige Updates, das Hinzufügen zusätzlicher Dienste oder die Einbindung der Kunden in Treueprogramme und exklusive Angebote können dazu beitragen, den wahrgenommenen Wert des Abonnements langfristig aufrechtzuerhalten. Die Einbeziehung der Kunden in den Prozess, das Einholen ihres Feedbacks und das Eingehen auf ihre spezifischen Bedürfnisse wird auch dazu beitragen, Produkte und Dienste zu entwickeln, die von ihnen mehr geschätzt werden. Unternehmer sollten jedoch bedenken, dass der beste Weg, langfristige Abonnements zu fördern, darin besteht, kontinuierlich Innovationen zu entwickeln. In einer Welt, die zunehmend von Abonnementmüdigkeit geprägt ist und in der die Kunden das Geschäftsmodell als nicht mehr tragfähig aufgeben, sollten Unternehmer immer frische und relevante Inhalte, Produkte oder Dienstleistungen anbieten. Ob es sich nun um völlig neue Produktlinien, zusätzliche exklusive Funktionen oder ein exklusives Erlebnis mit Starbesetzung handelt, Unternehmer müssen innovativ sein, um ihre Abonnements spannend zu halten.

Kapitel 4 : Plattformunternehmen und der Netzwerkeffekt

Plattformgeschäfte sind Geschäftsmodelle, die den Austausch von Werten zwischen zwei oder mehr voneinander abhängigen Gruppen über eine zentrale Infrastruktur ermöglichen. Solche Gruppen sind in der Regel Produzenten und Konsumenten, und das Unternehmen stellt das ausgetauschte Produkt oder die Dienstleistung nicht selbst her. Das Unternehmen schafft ein Ökosystem, in dem verschiedene Benutzer miteinander interagieren können. Bei Plattformgeschäften ist die Plattform die Kernkomponente, die es Benutzern ermöglicht, sich zu verbinden, zu kommunizieren und Daten zu übertragen. Es gibt viele spezifische Arten von Geschäftsplattformen, aber das wichtigste Merkmal ist, dass sie keine Produkte oder Dienstleistungen produzieren, sondern die Infrastruktur, die zur Wertschöpfung genutzt werden kann. Solche Unternehmen schließen den Produktionsprozess aus und konzentrieren sich ausschließlich auf die Schaffung einer Infrastruktur für die Interaktion mit anderen Parteien, ohne dass sie den ausgetauschten Wert besitzen müssen. Letztendlich wachsen diese Unternehmen schnell und in viel größerem Umfang als herkömmliche Unternehmen.

Das traditionelle Geschäftsmodell verwendet den Pipeline-Ansatz, bei dem Wert geschaffen wird und durch den Trichter von einer Partei zur anderen gelangt. Als einfaches Beispiel eines produzierenden Unternehmens sieht der Prozess so aus, dass der Fabrikbesitzer ein Produkt herstellt, das dann zum Einzelhändler und schließlich zum Kunden transportiert wird, um dort verkauft zu werden. Diese Nachfrage erfordert den Kauf und die Kontrolle der maximalen Menge an Ressourcen und Vermögenswerten, da das Unternehmen selbst in die meisten Phasen der Erstellung und des Verkaufs involviert ist.

Zusammenfassend lässt sich sagen, dass das Plattformgeschäft auf die Schaffung eines Netzwerks oder einer Plattform als zentrale Grundlage für den Wertaustausch angewiesen ist. Unternehmen verlassen sich dann darauf, dass andere Parteien Werte schaffen, die über diese Plattform ausgetauscht werden. Plattformen erstellen eine Reihe von Netzwerkregeln, um den ausgetauschten Wert zu befolgen, und Regelsätze, um das Vertrauen zwischen den Teilnehmern sicherzustellen. Der Wert wird dann von Benutzerpaaren ausgetauscht, wobei es sich um verschiedene Transaktionen handelt, für die Plattformen je nach den Prinzipien Gebühren erheben, Abonnements anbieten oder als Werbeplattformen dienen können.

Netzwerkeffekte und ihre Rolle bei der Skalierung einer Plattform verstehen

Netzwerkeffekte sind ein entscheidender Aspekt für den Erfolg von Plattformunternehmen. Der Netzwerkeffekt tritt ein, wenn ein Produkt oder eine Dienstleistung wertvoller wird, je mehr Menschen es nutzen. Im Fall von Plattformunternehmen bedeutet dies, dass eine Plattform umso wertvoller für alle Beteiligten wird, je mehr Benutzer sie anziehen kann. Es gibt zwei Arten von Netzwerkeffekten: direkte und indirekte. Ein direkter Netzwerkeffekt tritt ein, wenn das Hinzufügen weiterer Benutzer den Wert des Systems für alle vorhandenen Benutzer erhöht. Ein hervorragendes Beispiel sind Social-Media-Plattformen wie Facebook und Instagram. Mit jedem zusätzlichen Benutzer wird die Plattform für alle anderen wertvoller, da die potenzielle Größe des Netzwerks, auf das über die Plattform zugegriffen werden kann, größer ist. Der indirekte Effekt des Netzwerks wird beobachtet, wenn sich mehr Benutzer einer Seite der Plattform anschließen, wodurch das System für Benutzer einer anderen Plattform wertvoller wird. Ein Beispiel dafür ist Airbnb: Eine große Anzahl von Gastgebern zieht Reisende an und kommt ihnen zugute, da die größere verfügbare Unterkunftsbasis vorhanden ist. Die gleichzeitig geschätzte Zunahme an Reisenden kann das Unterkunftsangebot bereichern. In ähnlicher Weise kommt die steigende Zahl der Mitfahrer den Fahrern zugute, die mit Uber zusammenarbeiten. Die größere Anzahl an Fahrern wiederum führt dazu, dass der Service von den Fahrgästen häufiger genutzt wird.

Netzwerkeffekte erleichtern die Skalierung von Plattformunternehmen, da sie eine positive Schleife erzeugen: Die Plattform wächst mit dem Hinzufügen neuer Benutzer, die mit ihren Ressourcen andere Benutzer anziehen. Sobald eine kritische Masse erreicht ist, wird der potenzielle finanzielle Gewinn der mit einer bestimmten Plattform verbundenen Personen zu groß, als dass sie diese zugunsten einer anderen aufgeben könnten, was zu einer exponentiellen Wachstumskurve führt. Darüber hinaus errichten Netzwerkeffekte eine erhebliche Markteintrittsbarriere für die Wettbewerber. Wenn sich die Plattform stärker etabliert und die Zahl der Teilnehmer wächst, wird es zunehmend schwieriger, eine ähnliche Plattform zu starten, die den gleichen Wert für die Benutzer hätte, wodurch es für Neueinsteiger unwahrscheinlicher wird, die bisherigen Plattformen herauszufordern. Die Aufgabe, Netzwerkeffekte zu erzeugen, ist jedoch kein Automatismus. Unternehmen von Plattformunternehmen müssen das empfindliche Gleichgewicht zwischen zwei Seiten des Marktes, dem Angebot von Waren und der Nachfrage nach ihnen, verwalten. Beispielsweise sollte eBay Verkäufer anlocken, um Produkte anzubieten, die Käufer kaufen möchten. Wenn es auf der Plattform zu viele Verkäufer und nicht genügend Käufer gibt, werden die Verkäufer keinen Wert darin sehen, ihre Produkte auf der Plattform zu verkaufen. Umgekehrt gilt: Wenn es zu viele Käufer und zu wenige Verkäufer auf der Plattform gibt, werden diese Käufer kein Produkt haben, für das sie bezahlen möchten. Das Gleichgewicht dieser beiden Seiten der Plattform ist für die Etablierung und Aufrechterhaltung der Netzwerkeffekte von entscheidender Bedeutung.

Fallstudien erfolgreicher Plattformunternehmen wie Airbnb, Uber und Alibaba

Viele Plattformunternehmen haben Netzwerkeffekte erfolgreich eingesetzt, um traditionelle Branchen aufzumischen und zu dominierenden Akteuren in der Weltwirtschaft zu werden. Airbnb, Uber und Alibaba sind gute Beispiele dafür, wie Geschäftsmodelle, die auf dem Wert von Netzwerken basieren, die Märkte skalieren und umgestalten können. Airbnb förderte den Aufstieg des Konzepts der Shared Economy und führte eine völlig neue Art von Unternehmen ein, die im Gastgewerbe tätig sind. Airbnb gab den Eigentümern von Häusern, Wohnungen oder Zimmern die Möglichkeit, diese an Reisende zu vermieten. Da sich diese Reisenden zunehmend für die Nutzung der Plattform entschieden, erhielten die Gastgeber immer mehr Anreize, ihre Unterkünfte anzubieten. Das wachsende Angebot an Unterkünften befeuerte nur die steigende Nachfrage der Reisenden. Gleichzeitig lag der Erfolg darin begründet, dass der Fokus auf der Schaffung einer Plattform mit einem hohen Maß an Vertrauen auf beiden Seiten lag, das durch die Gründung von Clubs, die Versicherung der Gastgeber und die Umsetzung der umfassenden Bewertungsanzeige gewährleistet wurde. Infolgedessen verstärkte das Wachstum von Nachfrage und Angebot die Expansion des Unternehmens, und heute ist Airbnb in mehr als 200 Ländern tätig und stört damit ein traditionelles und jahrzehnte- oder jahrhundertealtes Hotelgeschäft.

Ein weiteres Plattformunternehmen, das Netzwerkeffekte nutzte, um einen traditionellen Markt – diesmal den Transportmarkt – aufzumischen, ist Uber. Als Ersatz für ein Taxi ist Uber eine mobile App, die Fahrer und Mitfahrer miteinander verbindet. Um effektiv in neue Märkte zu expandieren, konzentrierte sich Uber auf die kontinuierliche Gewinnung von Fahrern, um sicherzustellen, dass genügend Angebot vorhanden war, um die wachsende Nachfrage der Mitfahrer zu decken . Mit der steigenden Zahl der Fahrer wurde der Service für die Mitfahrer zuverlässiger, was zu einer zunehmenden Nutzung der Plattform führte, die leicht verfügbar war. Uber nutzte eine Kombination von Maßnahmen, um seine Attraktivität zu erhalten, wie die Umsetzung dynamischer Preise, die Nutzung von Echtzeitdaten und die Gewährleistung eines nahtlosen Benutzererlebnisses. Heute ist Uber in mehr als 900 Ballungsräumen auf der ganzen Welt tätig und stört die Transport- und Taxibranche auf der ganzen Welt.

Das erfolgreichste Plattformunternehmen der Welt, insbesondere im E-Commerce-Sektor, ist Alibaba. Alibaba ist ein Online-Marktplatz für Käufer und Verkäufer, der 1999 in China gegründet wurde. Im Gegensatz zu Amazon, das als Hybridplattform gilt , die eine Kombination aus Direktverkaufsmodell und Drittanbieterplattform verwendet, hat Alibaba ein Ökosystem geschaffen, das Verkäufer und Käufer ohne große Beteiligung des Unternehmens miteinander verbindet. Die Plattform wird sowohl von chinesischen Einzelhändlern als auch von internationalen Unternehmen genutzt. Der Erfolg von Alibaba beruhte auf der Fähigkeit, ein riesiges Ökosystem zu schaffen, das nicht nur E-Commerce, sondern auch Zahlungslösungen, Logistik und Cloud-

Computing umfasste und das Geschäft für Unternehmen, die die Produkte verkaufen wollten, effektiv umwandelte. Durch die Netzwerkeffekte konnte Alibaba viele andere Unternehmen überholen, mit Hunderten Millionen aktiver Benutzer und Milliarden von Transaktionen, die über die Systeme des Unternehmens laufen.

Praktische Schritte zum Aufbau und Wachstum eines Plattformgeschäfts

Die Gründung und der Ausbau eines Plattformgeschäfts erfordert eine gute Planung, die Konzentration auf die Benutzererfahrung und die Fähigkeit, beide Seiten des Ökosystems zu skalieren. Vor diesem Hintergrund finden Sie im Folgenden einfache Schritte für alle, die ein Plattformgeschäft aufbauen und etablieren möchten.

Einfache Schritte zum Aufbau des Plattformgeschäfts

1. Erstellen Sie zunächst ein echtes Wertversprechen

Dieser Schritt ist bei der Gründung eines jeden Unternehmens wichtig, und Plattformunternehmen bilden hier keine Ausnahme. Es ist wichtig, eine Plattform zu schaffen, die die Transaktionen von Produzenten und Konsumenten auf sinnvolle Weise erleichtert. Vor der Gründung und dem Beginn des Plattformdesigns ist es wichtig, den Wert zu bestimmen, den die Plattform bieten wird. Beispielsweise bot Uber eine schnelle und bequeme Möglichkeit, Taxis zu rufen. Vor Uber war ein Telefonanruf der schnellste Weg, ein Taxi zu bekommen. Der Wert von Airbnb lag in der billigen und verpfuschten Unterkunft. Zusammenfassend ist es wichtig, sich auf beide Seiten zu konzentrieren und ihnen zu dienen , indem man ihre Anforderungen versteht, um einen Service zu schaffen, der sie anspricht.

2. Vertrauen aufbauen und Reibungspunkte abbauen

Die größte Herausforderung für ein Plattformunternehmen besteht darin, Vertrauen zu schaffen und zu fördern. Auf einer E-Commerce-überwachten Plattform wird dieses Vertrauen zwischen Verkäufern und Käufern aufrechterhalten. Bei Beherbergungsplattformen wird das Vertrauen zwischen Gastgebern und ihren Gästen aufgebaut und aufrechterhalten. Daher ist es wichtig, an Möglichkeiten zu arbeiten, die Reibung zu reduzieren und eine Vertrauenskette aufzubauen. Dies kann durch den Einsatz von Mechanismen wie Kundenbewertungen, Bewertungen und Verifizierung erreicht werden. Sichere Zahlungsmethoden sollten gleichermaßen eingesetzt und Kundenservice angeboten werden.

3. Investition in Benutzererfahrung und Technologie

Einer der entscheidendsten Faktoren für Erfolg und Misserfolg eines Plattformunternehmens ist die Fähigkeit, sich auf das Benutzererlebnis zu konzentrieren. Generell haben die meisten Plattformen, die Technologie zur Förderung des Benutzererlebnisses nutzen, wahrscheinlich Erfolg. Dies würde bedeuten, eine einfache und intuitive Plattform zu schaffen, die auf den Geräten mehrerer Benutzer verwendet werden kann. Das beste Potenzial, das ein Plattformunternehmen erreichen kann, liegt in einer skalierbaren, latenzarmen und hochgradig sicheren Dateninfrastruktur. Der Aufbau einer latenzfreien und skalierbaren Plattform ist durch den Einsatz von optimalem maschinellem Lernen und Datenanalyse möglich.

4. Kritische Masse auf beiden Seiten der Plattform anziehen: Eine typische Voraussetzung für den Erfolg einer Plattform ist das Erreichen einer kritischen Masse an Nutzern auf der Angebots- und Nachfrageseite. Folglich müssen Unternehmer genügend Produzenten anziehen, um die Bedürfnisse der Verbraucher zu erfüllen und umgekehrt. In diesem Sinne können sie an Paketangeboten arbeiten , wie z. B. indem sie die Gebühren für die Teilnehmer senken oder ihnen einen Bonus anbieten. Das Gleichgewicht zwischen Angebot und Nachfrage ist entscheidend, um die Grundlage für die Umsetzung dieses Prinzips und die Entwicklung von Netzwerkeffekten zu legen, da Verbraucher oder Produzenten auf der einen Seite der Plattform eher beitreten, wenn auf der anderen Seite bereits eine ausreichende Anzahl vorhanden ist .

5. Daten zur Verbesserung und Erweiterung der Plattform nutzen: Überlegungen, die auf empirischen Daten und Benutzerinformationen basieren, sind für Plattformunternehmen wertvoll. Unternehmer können das Mining dieser Informationen zu einer Priorität machen und die daraus gewonnenen Daten analysieren, um herauszufinden, wie sie ihre Plattform verbessern

und ihr Wachstum anregen können. So können sie beispielsweise mehr über die Bedürfnisse, Wünsche und Erfahrungen der Benutzer erfahren und die Funktionsweise ihrer Plattformen an ihre Interessen anpassen. Um diese Ziele zu erreichen, müssen sie in das Sammeln und Analysieren der Daten investieren und Wege finden, um auf der Grundlage ihrer Erkenntnisse zu handeln, die über Feedbackschleifen in ihre Plattformen integriert werden.

6. Expansion in andere Märkte oder geografisch: Wenn sich eine Plattform in einem Markt als erfolgreich erweist, können Unternehmer eine Expansion in andere Bereiche in Erwägung ziehen, entweder geografisch oder vertikal. So begann Uber beispielsweise als Mitfahrplattform und erweiterte sein Angebot später um einen Essenslieferdienst mit UberEats . Ähnlich verhält es sich mit Airbnb, das zunächst als Anbieter von Ferienwohnungen tätig war und später sein Angebot auf Erlebnisse und andere reisebezogene Dienstleistungen ausweitete. Auf diese Weise können Unternehmer die Nutzerbasis, den Umsatz und die daraus resultierende Marktmacht ihrer Plattformen erhöhen.

Kapitel 5 : Die Sharing Economy und Zugang statt Eigentum

Das Phänomen der Sharing Economy hat zu einer deutlichen Veränderung der Einstellung der Menschen zum Eigentum beigetragen. Früher, in der traditionellen Wirtschaft, spielte der Besitz verschiedener Gegenstände für eine Person eine wesentliche Rolle. Er ermöglichte es, Wohlstand zu demonstrieren, Sicherheit zu gewährleisten und einen Beitrag zur wirtschaftlichen Entwicklung zu leisten. Einzelpersonen und Unternehmen investierten in Immobilien, Fahrzeuge, Ausrüstung und andere Vermögenswerte, da letztere als wichtig für die Schaffung langfristiger Werte angesehen wurden. Im Gegensatz dazu erfordert die Sharing Economy, dass Menschen und Unternehmen weniger Gegenstände besitzen. Sie können geteilt und nach Bedarf verwendet werden, anstatt gekauft zu werden. Das Phänomen wird durch Technologie-Apps erleichtert, die umfassende Analysen bereitstellen. Die Gesamtauswirkung der Sharing Economy ist ein effizienterer Erwerbsprozess und weniger Vermögenswerte, die besessen werden müssen. Bei der Verwendung der Logik der Sharing Economy sollte man auch berücksichtigen, dass das Phänomen die größere Bedeutung der Menschen als Ressourcenbesitzer voraussetzt. Infolgedessen können Menschen untergenutzte Vermögenswerte teilen.

Die Entstehung des betreffenden Phänomens war durch den weit verbreiteten Einsatz von Technologie bedingt. Das Teilen wurde durch Online-Plattformen erleichtert, auf denen Menschen direkt miteinander kommunizieren und den Wert der Ressource erkennen können. Benutzer haben offenen Zugriff auf Instrumente wie Apps und Websites, auf denen sie aus einer Vielzahl von Ressourcen auswählen können. Online-Ressourcen bieten auch Echtzeitinformationen. Auf diese Weise wird die Sharing Economy ermöglicht, da Menschen diese Ressourcen nutzen, um anderen Benutzern zu helfen, indem sie ihnen aktuelle Informationen zur Verfügung stellen. In der Vergangenheit war die Verfügbarkeit solcher Ressourcen begrenzt, und Mietagenturen, Restaurants und Geschäfte fungierten als Vermittler anstelle ihrer Eigentümer. Dies bedeutet, dass Teilen unmöglich war. Darüber hinaus basieren die

Möglichkeiten der Sharing Economy auf der maximalen Nutzung vorhandener Ressourcen. Beispielsweise benötigt eine Person möglicherweise nicht jeden Tag ein Auto, ein Haus oder einen anderen gebrauchten Gegenstand. Anstatt den Gegenstand direkt zu besitzen, kann sie einen mieten, den sie heute benötigt, und Ressourcen für morgen sparen. Insgesamt hilft die Sharing Economy den Menschen, nachhaltigere Konsummodelle zu etablieren, Ausgaben zu senken und Abfall zu minimieren.

Noch wichtiger ist jedoch, dass ein neuer Ansatz zum Thema Eigentum entsteht , der impliziert, dass ein Vermögenswert für einen bestimmten Zeitraum und nicht für die Dauer seiner Nutzungsdauer genutzt wird. Einer der Hauptgründe, warum Kunden diesem Muster folgen, ist die Benutzerfreundlichkeit und der Mangel an zusätzlichem Aufwand, der mit dem Besitz des Gegenstands verbunden ist. Es ist wichtig, dass die Industrie beginnt, ihre Ideen zu ändern, da immer mehr Menschen diesem Ansatz folgen. Daher könnte in naher Zukunft ein neues Modell entstehen, bei dem Eigentum keine Priorität mehr hat.

Die Auswirkungen auf Branchen wie Transport, Immobilien und Gütervermietung

Der Bereich der Sharing Economy hat die Existenz mehrerer Branchen erheblich beeinflusst, darunter Transport, Immobilien und Warenvermietung. In jedem Sektor kam es zu erheblichen Umbrüchen, da neue Geschäftsmodelle die traditionelleren Methoden der Wertschöpfung für Endnutzer in Frage stellen. Erstens hat im Transportbereich die Idee von Unternehmen wie Uber, Lift und Zipcar die Herangehensweisen verändert, von einem Ort zum anderen zu gelangen. Unter den Umständen des traditionellen Verwaltens und Besitzens eines Autos können heutzutage viele Menschen von der Verfügbarkeit von Autos profitieren, die ihnen je nach Dringlichkeit ihres Bedarfs auf Anfrage geliefert werden können. Infolgedessen können weniger Menschen, insbesondere in städtischen Gebieten, ein Auto besitzen, da sie einen diversifizierten Service nutzen können, der ihnen bei Bedarf ein Fahrzeug bringen kann. Die Bequemlichkeit in diesem Zusammenhang ist offensichtlich, da weniger Autos auf den Straßen zu weniger Treibhausgasemissionen und Benzinverbrauch beitragen. Darüber hinaus ist es offensichtlich, dass durch die Möglichkeit, über die App an das gewünschte Ziel zu gelangen, neue Komfortstandards für andere Arten traditionellerer Taxidienste gesetzt wurden. Wenn sich die Dienstanbieter nicht an diese Veränderungen anpassen, müssen sie entweder ihre Geschäftsmodelle rasch ändern und die Nutzung von Anwendungen verstärken oder unter den Herausforderungen einer mangelnden Anpassungsfähigkeit leiden.

Auch die Immobilienbranche wurde durch die Einführung der Idee der Sharing Economy von den Veränderungen beeinflusst, bei denen Unternehmen wie Airbnb und WeWork von der geringeren Unsicherheit der Mieter und Mieter profitieren, wenn es darum geht, zu entscheiden, wo sie für einen bestimmten Zeitraum bleiben oder mieten. Airbnb ist vielleicht die am weitesten entwickelte Plattform dieser Art, bei der die meisten Angebote den Anforderungen der Reisenden entsprechen oder diese übertreffen. WeWork ist eine andere Art von Airbnb, das eine größere Anzahl von Startups und neuen Unternehmen auf seinem Gelände beherbergt, um Geschäftsinhabern und Unternehmern einen gemeinsamen Raum zu bieten. Diese Bedingungen sind typisch für gewerbliche Immobilienbesitzer, die den Vorteil haben, keinen Raum für längere Zeit mieten zu müssen und nicht in Coworking-Bereiche investieren. Auch die Vermietung von Waren ist ein veränderter Sektor, der durch die Idee der Sharing Economy entstanden ist. Plattformen wie Rent the Runway bieten Kunden die Möglichkeit, Luxusartikel zu mieten, anstatt sie zu kaufen, wobei Kleidung hauptsächlich für App-Verbraucher hergestellt wird. Hier bietet diese Plattform eine äußerst praktische Erfahrung für Endbenutzer, die Kleidung, Werkzeuge und andere Gegenstände vorübergehend mieten möchten, anstatt einen hohen Vorabpreis für den Besitz eines bestimmten Gegenstands zu zahlen . Im Allgemeinen legt das Konzept der Sharing Economy einen höheren Wert auf den Zugang als auf den Besitz.

Fallstudien von Unternehmen wie Zipcar, Rent the Runway und We Work

Mehrere Unternehmen haben ihr Geschäft auf den Prinzipien der Sharing Economy aufgebaut. Darüber hinaus haben viele dieser Organisationen die Landschaft ihrer Branchen auf den Kopf gestellt und nachhaltig verändert. Zipcar, Rent the Runway und WeWork sind Beispiele für solche Projekte, die ihren Nutzern neue Werte boten und viele Teilnehmer anzogen. Zipcar beispielsweise war eines der ersten Unternehmen, das es Menschen ermöglichte, Autos zu nutzen, ohne sie zu besitzen. Bei Rent the Runway können Benutzer Designerkleidung mieten, anstatt sie zu kaufen. WeWork bietet gemeinsam genutzte Arbeitsbereiche für verschiedene Unternehmen. Jedes dieser Beispiele für Unternehmen der Sharing Economy zeigt, wie solche Dienste florieren können, indem sie innovative Ansätze für traditionelle Dienste nutzen und auf unerfüllte Bedürfnisse der Verbraucher reagieren.

Zipcar war einer der ersten Anbieter, der die Idee des Carsharings der breiten Öffentlichkeit vorstellte . Mithilfe der entwickelten App können Verbraucher problemlos verfügbare Fahrzeuge in ihren Städten finden, sie von der Straße abholen und anschließend wieder zurückgeben. Der Hauptvorteil von Zipcar besteht darin, dass Benutzer Autos mieten können, ohne sie zu kaufen, und so hohe Kosten sowie die Notwendigkeit vermeiden, in der Nähe eines großen Parkplatzes zu wohnen. Gleichzeitig können die Menschen so die Belastung durch den Besitz eines Autos und möglicherweise die Anzahl der gekauften Fahrzeuge reduzieren. Stattdessen sind die Autos verfügbar, als ob sie den Benutzern selbst gehören würden. Hier können zwei Hauptvorteile in Bezug auf Eigentum und Umweltbedürfnisse identifiziert werden.

Rent the Runway ist ein weiteres anschauliches Beispiel für den effektiven Einsatz von Konzepten der Sharing Economy. Die 2009 gestartete Plattform bietet mittlerweile Tausende Designer- und Alltagskleidung von Hunderten renommierter Marken an. Das Sharing -Feature besteht darin, dass die Benutzer diese Kleidung nicht kaufen, sondern für eine gewisse Zeit mieten und dann zurückgeben. Dieser Ansatz ist für die Kunden von Rent the Runway aus zwei Hauptgründen sehr vorteilhaft. Jede Woche gibt es neue Kleidung und ermöglicht es den Menschen, nachhaltiger zu leben, ohne sich um Modetrends kümmern zu müssen.

WeWork wurde 2010 gegründet und stellte Menschen, hauptsächlich Inhabern kleiner Unternehmen und Startups, gemeinsam genutzte Büroräume zur Miete zur Verfügung, einschließlich moderner Gebäudetechnologien, effizienter Nutzung des Arbeitsraums und eines umfangreichen Online-Archivs. Derzeit hat das Unternehmen 527 Standorte in 111 Städten weltweit. Menschen und Unternehmen können Arbeitstische oder

Räumlichkeiten für ihre Organisationen mieten. Der Hauptvorteil von WeWork ist die fehlende Bindung. Größere Unternehmen mieten Arbeitsplätze bei WeWork, wenn es ihnen passt, und neue kleine Unternehmen können an neue Orte gehen, um neue Büros zu eröffnen. WeWork arrangiert Kooperations- und Arbeitsmethoden, um eine Atmosphäre und einen Raum für die Interaktion zwischen Kundenunternehmen zu schaffen. Die Hauptvorteile sind für Menschen relevant, deren Arbeitsumgebung sich häufig ändert, oder für diejenigen, die kleine Unternehmen führen, die eine langfristige Expansionsvision haben. Bemerkenswerterweise setzte jedes der Bambooish -Beispiele technologische Innovationen effektiv ein, um neue Werte für ihre Kunden zu schaffen.

Strategien für den Einstieg und Erfolg in der Sharing Economy

Die Sharing Economy hat großes Interesse geweckt, da viele Verbraucher nach nachhaltigeren, erschwinglicheren und in manchen Fällen ethischeren Wegen suchen, um Zugang zu Waren und Dienstleistungen zu erhalten. Dieser Trend fördert den Bedarf an mehr Alternativen, was eine Chance für Unternehmer schafft. Für den Erfolg reicht jedoch die Einführung einer Plattform für den gemeinsamen Zugang zu Waren oder Dienstleistungen nicht aus. Um die Konkurrenz zu übertreffen, Risiken zu reduzieren und ein tragfähiges Geschäft in der Sharing Economy aufzubauen, sollten Unternehmen von vorhandenen Vermögenswerten profitieren, das Vertrauen der Verbraucher gewinnen, eine skalierbare und benutzerfreundliche Plattform entwickeln und alle zusätzlichen Funktionen in Betracht ziehen, die angeboten werden können.

Die hohe Sättigung der Sharing Economy erfordert die Betrachtung von ungenutzten Vermögenswerten und Ressourcen, die geteilt oder gemietet werden können. Autos, Häuser, Büroräume und Luxuskleidung können allesamt erfolgreiche Beispiele sein, da sie teuer in der Anschaffung, selten genutzt oder beides sind. In allen Branchen sollten Unternehmer sich ansehen, worauf sie bereits Zugriff haben, und dann darüber nachdenken, wie andere Kunden auf eine kostengünstigere oder nachhaltigere Weise auf etwas zugreifen möchten. Die Vermögenswerte, Prozesse und die Benutzerbasis von EZ Texting hätten implementiert werden können, um Unternehmen eine erschwingliche Alternative anzubieten, mit der sie ihre SMS-Dienste durch direkten Zugriff auf 180.000 Kunden bewerben können.

Darüber hinaus sind alle Plattformen in der Sharing Economy Peer-to-Peer-Plattformen, weshalb es entscheidend ist, ein Konzept von Vertrauen und Sicherheit zu etablieren. Vertrauen kann durch die Möglichkeit aufgebaut werden, Bewertungen, Kundenbewertungen und Verifizierungen von Personen zu erhalten, zusätzlich zur Nutzung von Nebenfunktionen wie Versicherungen oder Gütesiegeln. Alle Plattformen in der Sharing Economy zielen darauf ab, ein Gefühl von Sicherheit und Transparenz zu schaffen, und viele von ihnen haben relativ geringe Strafen für Fehler, um keine Vermögenswerte zu verschwenden. So stellte beispielsweise UKCoworking eine Plattform bereit, die sich auf den bezahlten Zugang zu Schreibtischen und Coworking-Plätzen in den Wohnungen der Menschen konzentrierte und Gastgebern im Falle möglicher Schäden auch eine Garantie anbot.

Schließlich ist es wichtig, eine Plattform zu entwickeln, die skalierbar und einfach zu bedienen ist. RS1 hat in moderne Technologien investiert, darunter mobile Anwendungen. Datenanalyse, Datenspeicherung und Datenbankverarbeitung umfassen Plattformen und Zahlungssysteme, sind jedoch vollständig angepasst, da viele Systeme nicht offline funktionieren. Mit einer skalierbaren Plattform können Sie beispielsweise in stetiges Wachstum investieren und gleichzeitig sicherstellen, dass die Servicequalität weiterhin den Anforderungen eines breiteren Publikums entspricht. Sie ist benutzerorientiert gehalten . Alle Funktionen verbessern die Leistung der gemeinsam genutzten Plattform.

Um ein bereits profitables Vermögen zu ergänzen, das Vertrauenskonzept, die Skalierung und die Integration relevanter Funktionen zu entwickeln, sollten Unternehmer auch ihre vorhandenen Ressourcen berücksichtigen. Es ist entscheidend, die Kapazität der vorhandenen Ressource und des zugehörigen Netzwerks zu entwickeln. Auf der Plattform können sie verschiedene Geschäftsabschlüsse entwickeln, und beim Aufbau des Unternehmens sind weitere zu berücksichtigende Themen die

Art und Weise, wie sie ihre Präsenz in anwendbaren Marken erwerben und ausbauen können. Referenzen

Kapitel 6 : Sozialunternehmen und die Triple Bottom Line

Sozialunternehmen sind Unternehmen, die sowohl finanziellen Gewinn als auch soziale oder ökologische Auswirkungen erzielen wollen. Sie versuchen, die Probleme der Gesellschaft durch kreative Lösungen anzugehen, indem sie einen marktbasierten Ansatz verwenden, um systemische Veränderungen voranzutreiben. Während herkömmliche Unternehmen ausschließlich auf die Maximierung des Aktionärswerts ausgerichtet sind, entwickeln diese zweckorientierten Unternehmen eine neue Form des Kapitalismus, die nicht nur das Gewinnmotiv zulässt, sondern auch die Auswirkungen auf die Menschen und den Planeten betont. Daher besetzen Sozialunternehmen eine einzigartige Nische zwischen gewinnorientierten und gemeinnützigen Unternehmen und schaffen durch die Kombination ihrer Eigenschaften nachhaltige Lösungen für die dringendsten Probleme der Welt. Ihre Attraktivität liegt in den neuartigen Geschäftsmöglichkeiten, die sie schaffen. Zweckorientierte Geschäftsmodelle bieten Lösungen für soziale und ökologische Probleme, die effektiv skaliert und auf nachhaltige Weise aufrechterhalten werden können. Darüber hinaus stellen diese Geschäftsmodelle traditionelle Ansätze des Kapitalismus in Frage und bereichern das Konzept durch die Einbeziehung einer langfristigen Perspektive. Solche Initiativen konzentrieren sich auf die Schaffung von Geschäftswert sowohl für die Aktionäre als auch für alle anderen Beteiligten oder sogar für die Gesellschaft als Ganzes . Sozialunternehmen schaffen gemeinsamen Wert, indem sie eine soziale Mission im Mittelpunkt ihrer Geschäftstätigkeit haben. Dies treibt ihre Leistung und Innovation an, da der Geschäftserfolg vom Wohlergehen der Gesellschaft und der Umwelt abhängig wird. In einer Zeit, in der der Verbrauchertrend insbesondere bei Millennials und Angehörigen der Generation Z dahin geht, Geld für Produkte und Dienstleistungen auszugeben, die mit persönlichen Werten und ethischen Grundsätzen übereinstimmen, sind zweckorientierte Geschäftsmodelle besonders relevant, da sie wertorientierte Käufe ansprechen. Menschen möchten bei Unternehmen kaufen, für sie arbeiten und in sie investieren, die Gutes in der Welt tun. Daher können sie nicht-traditionelle Kunden, Arbeitnehmer und Impact-Investoren anziehen und sich so einen Wettbewerbsvorteil verschaffen.

Das Konzept der dreifachen Gewinnschwelle: Menschen, Planet und Profit

Die Idee der Triple Bottom Line ist tief in den Prinzipien sozialer Unternehmen verwurzelt. Nach dem von John Elkington in den 1990er Jahren entwickelten Konzept ist die Triple Bottom Line ein Geschäftsansatz, der die Leistung eines Unternehmens in drei Schlüsseldimensionen bewertet: Menschen, Planet und Gewinn. In sozialen Unternehmen wird dieser Gedanke noch bedeutsamer, da er die Entwicklung eines Geschäftsmodells ermöglicht, das wirtschaftlichen Wert generiert und das Wohlergehen der Gemeinschaften durch die Bereitstellung qualitativ hochwertigerer Produkte oder Dienstleistungen verbessert. Das Konzept der Triple Bottom Line ermöglicht es, den Fokus von Finanzberichten auf soziale und ökologische Bewertungen zu verlagern und Unternehmen so für ihre Auswirkungen auf ein breiteres Spektrum von Interessengruppen verantwortlich zu machen.

Das erste „P" im Triple-Bottom-Line-Modell steht für People (Menschen) und bezieht sich auf den sozialen Aspekt des Geschäftsbetriebs. In Sozialunternehmen verlassen sich die Menschen auf die Grundsätze von Fairness und Gerechtigkeit im Umgang mit Mitarbeitern, Stakeholdern und Gemeinschaften. Mit anderen Worten: Ein Sozialunternehmen sollte sich um alle Menschen kümmern, die von seiner Leistung betroffen sein könnten. Diese Dimension setzt voraus, Arbeitsplätze für marginalisierte oder machtlose Menschen zu schaffen, sichere Arbeitsbedingungen zu gewährleisten und die lokale Wirtschaftsentwicklung zu unterstützen. Kurz gesagt: Die menschliche Komponente im Triple-Bottom-Line-Ansatz bewertet die Auswirkungen, die ein Unternehmen auf die Bürger und ihre Gemeinschaften hat.

Der zweite wichtige Aspekt des Triple-Bottom-Line-Ansatzes bezieht sich auf den Planeten bzw. die Umweltdimension. Bei

Sozialunternehmen, also umweltorientierten Unternehmen, bezieht sich der Aspekt des Planeten auf umweltbewusste Produkte oder Dienstleistungen. Sozialunternehmen versuchen, ihre Umweltleistung zu verbessern, indem sie Recyclingprodukte einsetzen, wiederverwertbare Materialien verwenden oder biologisch abbaubare Produkte synthetisieren. Auf diese Weise bezieht sich der Planetenaspekt des Triple-Bottom-Modells auf ein Sozialunternehmen, das sicherstellt, dass alle Prozesse die Umwelt nicht schädigen.

Der dritte Buchstabe des Modells ist schließlich der Gewinnaspekt. Obwohl in Sozialunternehmen die Erzielung von Gewinnen ein kritischer Punkt ist, verwenden Investoren ihre Gewinne nicht als das ultimative Geschäftsziel, sondern als eine Ressource oder ein instrumentelles Ziel. Mit anderen Worten: Die Gewinnmaximierung ist nur ein Mittel, um die weitere Entwicklung des Unternehmens und die Erfüllung sozialer oder ökologischer Ziele sicherzustellen. Somit eröffnet der Triple-Bottom-Ansatz einen Weg für ein menschen- und umweltfreundliches Geschäftsmodell.

Fallstudien von Unternehmen wie TOMS Shoes, Warby Parker und Patagonia

Es gibt mehrere Beispiele von Unternehmen, bei denen die Theorie der dreifachen Gewinn- und Verlustrechnung erfolgreich angewendet wurde. Diese Beispiele zeigen, dass es möglich ist, sowohl eine soziale als auch eine ökologische Mission zu haben, und dass dies in gewisser Weise auch für den Kern des Unternehmens von Vorteil ist. Drei Beispiele sind Toms Shoes, Warby Parker und Patagonia.

Toms Shoes ist ein hervorragendes Beispiel für die Idee „Eins für Eins", die auf eine neue Ebene gehoben wurde, als Schuhe als Bedarfsartikel berücksichtigt wurden. Für jedes Paar Schuhe, das Toms verkauft, wird ein weiteres Paar an ein bedürftiges Kind gespendet. Tausenden von Kindern haben so bereits ein neues Paar Schuhe und damit ein etwas besseres Leben ermöglicht. Toms begann mit Schuhen und erweiterte seine sozialen Bereiche. Heute stellt das Unternehmen Brillen und Wasser zur Verfügung und unterstützt weltweit Programme für sichere Geburten. Der zusätzliche Vorteil von Toms ist die Tatsache, dass das

Unternehmen nicht nur für das Gute arbeitet, sondern auch seine Produkte verkauft . Auf diese Weise gewinnt es auch Kundentreue und bietet den Kunden die Möglichkeit, Bedürftigen durch einen einfachen Einkauf zu helfen.

Ein weiteres Beispiel ist Warby Parker, ein Online-Brillengeschäft, das relativ günstige und qualitativ hochwertige Brillen verkauft. Ähnlich wie Toms verkauft auch Warby Parker seine Brillen nach dem Eins-zu-eins-Modell, bei dem von Kunden gekaufte Brillen mit Brillenpaaren kombiniert werden, die an Personen weitergeleitet werden, die sie benötigen . Dies hat das Geschäft für die Millennials noch attraktiver gemacht, die vielleicht nicht so sehr daran interessiert sind, etwas anderes als Lebensmittel, Kleidung oder eine Wohnung zu kaufen und im Gegenzug etwas erwarten, das den dringend benötigten Nutzen, den sie von einer neuen Brille erhalten, mit der Möglichkeit ausgleicht, jemand anderem denselben Nutzen zu schenken.

Und schließlich ist Patagonia ein drittes Beispiel, ein sehr bekanntes und geschäftlich bereits etabliertes Unternehmen, das mit einer sozialen und ökologischen Mission im Hinterkopf gegründet wurde. Es unterstützt Umweltfonds, an die das Unternehmen 1 % seines Umsatzes spendet, unterstützt fairen Handel und rät seinen Kunden, wenn sie sich gegen den Kauf einer neuen Sache entscheiden, vom Unternehmen selbst, darüber nachzudenken, ob sie die alten stattdessen reparieren könnten. Auf diese Weise werden Patagonia-Produkte vielleicht nicht immer so gut verkauft, wie wenn die Verbraucher neue Sachen kaufen und die alten wegwerfen würden, aber das Unternehmen hat eine beträchtliche Anzahl umweltbewusster Menschen angezogen, die sich immer für die umweltfreundlichen Patagonia-Produkte entscheiden werden, und es gibt genug von ihnen auf diesem Planeten, um das Unternehmen finanziell gesund zu halten.

Wie Unternehmer Profit und Zweck in Einklang bringen und Wirkung skalieren können

Wenn Sozialunternehmer zweckorientierte Unternehmen gründen wollen, sollte der Gewinn im Einklang mit der Wirkung stehen. Einerseits können Umwelt- und Sozialunternehmen das Problem nicht lösen, wenn sie keinen Umsatz erzielen. Das bedeutet, dass sie, wenn sie erfolgreich sein wollen, auch positive Auswirkungen auf die Umwelt haben sollten. Daher sollte die Ausrichtung des Gewinns an der Wirkung von Anfang an erfolgen, denn wer seine Bemühungen auf Wohltätigkeit gründet oder sich ausschließlich auf Spenden verlässt, wird seine Mission in der Regel kaum erfüllen können.

Der erste Schritt für einen Unternehmer besteht darin, seine Mission sorgfältig zu definieren und sie zu einem integralen Bestandteil seiner Geschäftsrealität zu machen. Wenn ein Unternehmer ein soziales oder ökologisches Problem angehen möchte, das er als wichtig erachtet, sollte sein Geschäftsmodell darauf ausgerichtet sein, in diesem speziellen Kontext etwas zu bewirken . Wenn sich ein Unternehmen beispielsweise dem Problem von Plastikmüll widmet, könnte es seine Produktion auf nachhaltige Materialien stützen, Produkte entwickeln, die mehrfach verwendet werden können oder von denen Teile recycelt werden können, und Geld an Organisationen spenden, die sich mit diesem Problem befassen. In vielen Fällen wird die Mission zum Ausgangspunkt und Kern des Geschäfts, um das sich alle anderen Aspekte organisieren.

Sozialunternehmer sollten auch die Wirkung ihrer Marke messen und verfolgen. Sozialunternehmen sollten in der Lage sein, die positiven Auswirkungen nachzuweisen, die sie auf Menschen und die Umwelt haben, und konkrete Daten zur Anzahl der Beschäftigten und anderen ähnlichen Parametern vorlegen. Da Statistiken belegen, dass die Idee, die Einnahmen von Sozialunternehmen für Investitionen in die Entwicklung der Organisation zu verwenden, sicherlich eine gute Idee ist, könnten Informationen über die Wirkung auch etwas genauer sein. Diese Daten werden auch dabei helfen, Partnerschaften zu finden, um das Unternehmen in der gewünschten Weise zu skalieren. Zusätzliche Daten und Leistungsverbesserungen durch Qualitätsmetriken werden dazu beitragen, die Wirkung zu erweitern. Die Schaffung von Netzwerken ist ein weiteres Mittel, um die Wirkung des Unternehmens zu erweitern, da die Schaffung und Pflege von Partnerschaften mit anderen gemeinnützigen Organisationen in der Branche oder sogar Regierungsorganisationen zur Skalierbarkeit des Sozialunternehmertums beitragen wird. Die Berücksichtigung der

Skalierung durch Technologie ist auch ein wichtiger Teil des Ansatzes zur Abstimmung von Gewinn und Wirkung.

Um die Wirkung eines Sozialunternehmens in einem bestimmten Sektor effektiv zu messen, können viele Softwarelösungen eingesetzt werden . Viele Sozialunternehmen können ihre Leistung auch durch die Nutzung digital erfasster Daten verbessern und ihre Betriebsabläufe effizienter gestalten. Sozialunternehmer können beispielsweise die Eröffnung eines Online-Shops und die Nutzung von Diensten wie Cross-Selling in Erwägung ziehen. Sie sollten auch für Qualitätsverbesserungen sorgen und hierfür zuverlässige Leistungsdaten erhalten. Bei der Entwicklung eines Geschäftsmodells für Sozialunternehmertum sollten auch die Reduzierung von Arbeitskräften, Automatisierung und sogar die Einführung anderer Unternehmen in dem Sektor zur Lastverteilung berücksichtigt werden.

Umweltbewusste Unternehmer sollten auch die Verwendung umweltfreundlicher Materialien in Betracht ziehen und ihr gesamtes Unternehmen umweltfreundlich gestalten. Ein nachhaltiges Unternehmen zu gründen ist auch der Schlüssel zum langfristigen Erfolg. Die Kombination dieser Maßnahmen in einer ganzheitlichen Strategie gewährleistet eine langfristige Abstimmung von Gewinn und Wirkung.

Unternehmer, die erfolgreich sein wollen, sollten darauf achten, dass ihre Gewinne im Einklang mit ihren Auswirkungen auf Menschen und Umwelt stehen, wenn sie zweckorientierte Geschäftsvorhaben aufbauen wollen. Das ist nicht nur notwendig, sondern auch möglich und eine großartige Möglichkeit, einen nachhaltigen Unterschied in der Welt zu bewirken.

Kapitel 7 : On-Demand-Dienste und die Convenience Economy

Wesentliche technologische Verbesserungen haben die Art und Weise revolutioniert, wie Menschen mit Unternehmen interagieren und wie auf Waren und Dienstleistungen zugegriffen wird. Das Konzept der On-Demand-Wirtschaft wurde weitgehend durch Smartphone-Anwendungen und Echtzeit-Datenanalysen ermöglicht. Sie ermöglichen es Verbrauchern, verschiedene Produkte oder Dienstleistungen durch eine einzige Berührung ihrer Geräte anzufordern. Die Einfachheit und Geschwindigkeit von On-Demand-Plattformen gehören zu den grundlegenden Faktoren, die die gesamte Bereitstellung von Kundendienst neu definiert haben. Eine Reihe wichtiger Kundenerwartungen, darunter Unmittelbarkeit, Bequemlichkeit und Zugänglichkeit, sind heute von zentraler Bedeutung für die moderne Geschäftsumgebung. Die Hauptantriebskraft dieser Bestellrevolution ist insbesondere Ungeduld oder das Bedürfnis nach sofortiger Befriedigung. Beispielsweise möchten die Menschen nicht tagelang auf ihre Bestellungen warten oder aufwändige Prozesse bei der Auswahl von Dienstleistern durchlaufen. Daher werden On-Demand-Dienste wie die von Instacart, TaskRabbit oder Postmates bei einem modernen und ungeduldigen Publikum immer beliebter.

Die Veränderungen im Kundenverhalten sind auch mit mehreren wichtigen Veränderungen im Lebensstil verbunden. Insbesondere die wachsende Gig Economy, das geschäftige Leben der Stadtbewohner und eine steigende Zahl von Haushalten mit zwei Einkommen haben eine Situation geschaffen, in der die Menschen bereit sind, für Bequemlichkeit zu zahlen. Die jüngere Generation, darunter die Millennials und die Generation Z, legt außerdem mehr Wert auf soziale Netzwerke und Erfahrungen als auf Immobilienbesitz. Infolgedessen neigen sie dazu, der seit langem bestehenden Bedürfnisphilosophie zu folgen und sich aus Angst , etwas zu verpassen, davor zu fürchten, an Orten zu bleiben, an denen keine geplanten und terminierten Aktivitäten stattfinden. Schließlich haben die frühen Tage einen vollständigen Triumph mobiler Geräte als Hauptkanal für die tägliche Arbeitsleistung, den Einkauf und die Unterhaltung erlebt. Folglich verlangen Kunden, die solche Verhaltensmuster umsetzen, dass Unternehmen ihre unmittelbaren Bedürfnisse immer erfüllen, wo auch immer sie sich befinden. Diese Situation erleichtert das Wachstum von On-Demand-Diensten in einer Vielzahl von Branchen.

Chancen und Herausforderungen bei der Bereitstellung von On-Demand-Diensten

Obwohl die On-Demand-Wirtschaft Unternehmen zahlreiche Chancen bietet, bringt sie auch eine Reihe von Herausforderungen mit sich. Die größte Chance liegt darin, dass immer mehr Kunden bereit sind, für Bequemlichkeit zu zahlen, da sie dadurch Zeit sparen.

Während sie natürlich zur Arbeit oder nach Hause eilen, können Unternehmen ihre Bestellungen entweder im Voraus vorbereiten oder sie an Kunden ausliefern, bevor die Konkurrenzunternehmen dies tun können. Das Modell deckt die andere Gewinnquelle für Unternehmen auf, da sie entweder Mehrwert aus vorhandenen Vermögenswerten ziehen oder skalierbare Online-Plattformen starten können. Die Unternehmen können auch traditionelle Branchen verändern, indem sie schnellere und bequemere Alternativen finden. In Branchen wie Essenslieferung, Taxidiensten oder Hausreparaturen haben diese On-Demand-Unternehmen den Vorteil, dass sie das Warten auf ein Taxi oder ein bestelltes Menü, das Nichterbringen des erforderlichen Services oder das Versäumnis, eine rechtzeitige Prüfung durchzuführen, vermeiden.

On-Demand-Modelle bieten Flexibilität und erleichtern die Optimierung der Geschäftslogistik, sodass Unternehmen ihre Aktivitäten monetarisieren und schnell expandieren können. Dies bringt zwangsläufig mehrere Herausforderungen mit sich, insbesondere weil immer die Gefahr besteht, Kundenanforderungen nicht so schnell erfüllen zu können wie versprochen.

Alle Unternehmen, die On-Demand-Dienste anbieten, müssen in die Unternehmenslogistik investieren und für eine einwandfreie Organisation des gesamten Produktions- und Vertriebsprozesses sorgen. Die Dienstleister müssen alle POS-Maschinen ständig überwachen und auf die oft dringende Arbeit vorbereiten. Auf der Verbraucherseite benötigt das Logistikunternehmen einen effizienten Lieferservice, ein Echtzeit-Tracking-System und idealerweise das größte Netzwerk und die größte Anzahl an Fahrzeugen oder Zustellern. Andernfalls ist laut zwei Studien aus dem Jahr 2019 jeder sechste Nutzer von On-Demand-Lieferdiensten mit dem Service unzufrieden.

Eine weitere große Herausforderung besteht darin, die Verbrauchernachfrage nach einer On-Demand-Wirtschaft genauer zu erfassen als die Unternehmen, die sich entschieden haben, das Phänomen zu ignorieren. Die Zeiten, in denen die größten Nachfragespitzen zu verzeichnen sind, wie etwa Feiertage oder spezielle Rabattaktionen, sind bekannt. Wenn ein Unternehmen es nicht schafft, signifikante Expansionen vorzunehmen, werden alle seine Servicekonsumenten schnell zur Konkurrenz abwandern, und es wird fast unmöglich sein, sie zurückzuholen.

Es gibt auch Herausforderungen im Zusammenhang mit verschiedenen Kontrollen und Vorschriften, die im Rahmen einer On-Demand-Wirtschaft berücksichtigt werden müssen . Dazu gehören die Einstufung der Arbeitnehmer, Mindestlöhne, Krankenurlaub, Sozialversicherung oder Verbraucher-/Rechtsschutz sowie die individuellen kommunalen und beruflichen Zulassungsbedingungen, die von Unternehmen und Tätigkeitssektoren abhängen. Daher müssen alle Unternehmen, die derzeit an der On-Demand-Wirtschaft teilnehmen, überlegen, ob sie ein nachhaltiges, vielversprechendes Geschäftsmodell entwickeln und es unter den geltenden Gesetzen testen können.

Fallstudien von Unternehmen wie Instacart, TaskRabbit und Postmates

Es gibt mehrere Unternehmen, die das Potenzial einer Reihe von On-Demand-Diensten entdeckt und diese genutzt haben, um verschiedene Bereiche zu verändern und neue Komfortstandards zu setzen. Einige der anschaulichsten Beispiele sind Instacart, TaskRabbit und Postmates, die die Vorteile eines On-Demand-Modells genutzt und ihren Kunden dadurch einen Mehrwert geboten haben. Außerdem haben sie die richtige Kombination aus Produkten, Lieferfunktionen und benutzerfreundlichen Schnittstellen gefunden und konnten eine neue Art von skalierbarem Geschäft für ihren Erfolg und ihr Wachstum aufbauen. Instacart ist ein weiteres Beispiel für die On-Demand-Wirtschaft, die in der Branche an Popularität und Erfolg gewinnt.

Es ist eine der am schnellsten wachsenden Plattformen für Lebensmitteleinkauf und -lieferung. Dieser Service kann als praktischer Service positioniert werden, der es den Kunden ermöglicht, innerhalb weniger Stunden eine Bestellung aus dem nächstgelegenen Geschäft zu erhalten. Einer der Gründe für den Erfolg des Unternehmens ist die Fähigkeit, den wachsenden Anforderungen an Komfort gerecht zu werden. Mithilfe von Instacart haben die Kunden Zugriff auf eine breite Produktpalette der großen Lebensmittelketten und müssen ihr Zuhause nicht verlassen. Ein weiteres Beispiel ist TaskRabbit, eine Branche, die professionelles Geschäft betreibt. Menschen benötigen Dienstleistungen in den Bereichen Reparatur, Reinigung, Möbel oder Montage anderer Geräte. Oftmals fehlt den Menschen die Zeit, das Wissen oder der Wunsch, bestimmte Probleme zu lösen. TaskRabbit ist eine Art Service, der es Menschen ermöglicht, Zeitarbeiter einzustellen, die kommen und ihre Probleme lösen. Meiner Meinung nach ist dieses Unternehmen aufgrund seiner Flexibilität beliebt, die es den Kunden ermöglicht, Spezialisten in kürzester Zeit und zu sehr vernünftigen Kosten anzurufen und zu bestellen. Die Beliebtheit des Dienstes ist auch leicht zu verstehen, wenn ein Benutzer auf die benutzerfreundliche Oberfläche achtet, die den Kunden hilft, die Mitarbeiterliste zu finden, das Feedback zu lesen und innerhalb weniger Minuten jemanden für die Erledigung einer Aufgabe einzustellen. Schließlich ist Postmates ein weiteres Beispiel für die On-Demand-Wirtschaft, die in letzter Zeit immer beliebter geworden ist. Dieses Unternehmen hat seine Dienste im ganzen Land etabliert, um auf Abruf Lebensmittellieferungen an Restaurants, Lebensmittelgeschäfte und den Einzelhandel anzubieten. Die Beliebtheit des Dienstes lässt sich durch die Nutzung einer Reihe von Vorteilen erklären, darunter die schnellsten Lieferoptionen im Vergleich zu ähnlichen Diensten, wann immer die Kunden es wünschen. Das Unternehmen ist aufgrund seines Crowdsourcing-Liefermodells sehr beliebt geworden. Dabei werden verschiedene Fahrer eingesetzt, um das Essen so schnell wie möglich auszuliefern. Außerdem hat es sich durch den Einsatz von Technologie hervorgetan, beispielsweise durch die Verwendung einer eigenen Software zur Datenanalyse und schnellstmöglichen Auslieferung der Bestellungen .

Wesentliche Elemente für den Erfolg in der Convenience Economy

Um in der Convenience Economy erfolgreich zu sein, müssen Unternehmen sicherstellen, dass mehrere Faktoren vorhanden sind. Erstens liegt der Schwerpunkt auf einem nahtlosen Erlebnis für die Kunden. Das On-Demand-Lieferunternehmen sollte sicherstellen, dass die für die Kunden erstellte Plattform benutzerfreundlich und bequem ist. Menschen, die On-Demand-Dienste nutzen, tun dies aus Bequemlichkeit; wenn es Reibungspunkte gibt, kann dies dazu führen, dass die Benutzer abspringen. Daher sollten die Unternehmen ihre Plattformen rationalisieren und so entwickeln, dass die Benutzer mit einem Klick auf die erforderlichen Dienste zugreifen können. Dies sollte auch On-the-go-Dienste erleichtern, da die Benutzer Versorgungsleistungen normalerweise bestellen, wenn sie sie benötigen, und erwarten, dass sie sofort geliefert werden. Um dies zu gewährleisten, sollten die Logistik und der Betrieb des Unternehmens effizient sein. Automatisierung kann dabei helfen, die Nachfrage auf der Grundlage der erfassten Daten vorherzusagen und den Bestand zu organisieren. Das System kann dann die effizientesten Routen für die Bereitstellung der Dienste erstellen und gleichzeitig die Mitarbeiter und Dienste optimieren. Ein weiterer Faktor besteht darin, sicherzustellen, dass die Mitarbeiter zuverlässig sind, und zu versuchen, Fluktuation zu vermeiden. Sie sind diejenigen, die die Dienste an die Kunden liefern, und müssen eine gute Beziehung zum Unternehmen haben, wenn es wachsen will. Darüber hinaus unterliegen Unternehmen den Vertrauens- und Sicherheitsvorschriften und müssen die Qualifikation und Identität ihrer Mitarbeiter gewährleisten. Sicherheit ist ein noch größeres Thema, wenn das Unternehmen persönliche Dienstleistungen in den Privathäusern von Menschen erbringt.

Das Engagement der Mitarbeiter und die Pflege einer verlässlichen Beziehung sind ebenfalls Möglichkeiten, den Umsatz zu steigern und das Unternehmen zu vermarkten. Schließlich ist die Skalierbarkeit ein wichtiger Faktor , den man im Auge behalten sollte . Die On-Demand-Dienste sollten in der Lage sein, an Größe und neuen Märkten zu wachsen, ohne dabei ihre Effizienz zu beeinträchtigen. Veränderte Geschäftsmodelle und On-Demand-Probleme können ebenfalls eine wichtige Rolle bei der

Geschäftsentwicklung spielen. Dadurch kann das Unternehmen bei innovativen Prozessen an vorderster Front stehen und der Konkurrenz einen Schritt voraus sein. Auf diese Weise können Unternehmen den Erfolg ihrer On-Demand-Unternehmen sicherstellen, indem sie diese Hauptfaktoren beachten, die den Erfolg auf dem Markt für Convenience-Lieferdienste vorantreiben können.

Kapitel 8 : Künstliche Intelligenz und datengesteuerte Geschäftsmodelle

Künstliche Intelligenz hat sich im letzten Jahrzehnt zu einem der führenden Treiber für Geschäftsinnovationen entwickelt und Branchen durch die Automatisierung von Prozessen, die Erleichterung der Entscheidungsfindung und die Verbesserung des Kundenerlebnisses verändert. Dieser Begriff bezieht sich auf die Simulation menschlicher Intelligenz in Maschinen, die darauf programmiert sind, zu denken und zu lernen, einschließlich, aber nicht beschränkt auf maschinelles Lernen, Verarbeitung natürlicher Sprache und Computervision. KI ist auch in der Geschäftswelt zu einem leistungsstarken Werkzeug geworden, da ihre Fähigkeit, Daten zu analysieren, Muster zu erkennen und Ergebnisse vorherzusagen, Unternehmen dabei hilft, einen Wettbewerbsvorteil zu erlangen. Die Rolle der KI bei Geschäftsinnovationen beschränkt sich nicht auf die Automatisierung; sie eröffnet neue Horizonte für Problemlösungen, die Entwicklung neuer Produkte und den Kundenservice. In diesem Artikel wird argumentiert, dass KI aufgrund ihrer Fähigkeit, riesige Datenmengen zu verarbeiten und daraus auf eine Weise zu lernen, die vorher nicht möglich war, ein unverzichtbares Werkzeug für Geschäftsinnovationen ist.

Die wichtigste Funktion der KI im Zusammenhang mit Geschäftsinnovationen ist die Echtzeitanalyse. Systeme, die auf dieser Technologie basieren, können Daten in einer Geschwindigkeit verarbeiten, die in vielen Sektoren wie dem Finanzwesen, dem Gesundheitswesen, dem Einzelhandel und der Fertigung bisher nicht möglich war. Im Finanzwesen können sie zum Aufdecken betrügerischer Transaktionen eingesetzt werden, während KI im Gesundheitssektor durch die Analyse elektronischer Krankenakten und Bilddaten Krankheiten genauer diagnostizieren kann als der Mensch. Die Bedeutung der KI für die Datenverarbeitung ergibt sich aus den großen Mengen an Datensätzen, die sie analysieren kann . Wenn KI in dieser Funktion eingesetzt wird, kann sie außerdem automatisch Muster erkennen und aus ihnen lernen. Sie nutzt vergangene Daten, um zukünftige

Trends auf der Grundlage eines riesigen Pools von Beispielen vorherzusagen, für deren Analyse menschliche Experten keine Zeit hätten. Dies wiederum führt zu umsetzbaren Erkenntnissen, die Innovationen vorantreiben können – beispielsweise eine effizientere Priorisierung von Kreditanträgen – und bisher bürokratische Verfahren verbessern können.

Auch im Bereich des Kundendienstes ist das Innovationspotenzial der KI hoch. Ihre Fähigkeit, große Datenmengen zu analysieren und Muster zu erkennen, kann im Einzelhandel zur Verbesserung des Kundendienstes eingesetzt werden: Anders als Verkäufer wird die Technologie es dem Kunden nie versäumen, einen Artikel zu empfehlen, den er zwar mag, aber nicht kennt. Darüber hinaus hat die KI bereits Callcenter und andere Kommunikationsmittel mit Kunden reformiert, indem sie Voicemails in Konversationstools verwandelt hat, die Informationen verarbeiten, die Kundenbedürfnisse verstehen, während der Anrufer sie äußert, und synchron vorprogrammierte Antworten generieren.

bestimmten Anwendungsbereich beschränkt ist und Daten mit einer Geschwindigkeit verarbeiten kann, die für Menschen unmöglich ist, ist sie eines der unverzichtbarsten Werkzeuge für Geschäftsinnovationen. Jeder Sektor kann von der Analyse großer Informationsmengen und der Generierung umsetzbarer Erkenntnisse, wie sie durch KI ermöglicht werden, profitieren. Darüber hinaus wachsen mit der ständig wachsenden Erfahrung im Einsatz künstlicher Intelligenz die potenziellen Innovationsmöglichkeiten. Von der Verwendung selbstfahrender Autos bis zur Anwendung vorausschauender Wartungssysteme wird diese Technologie es Unternehmen ermöglichen, bestehende Betriebsmethoden noch weiter zu verfeinern. Daher ist es klar, dass jedes Unternehmen, das nachlässig genug ist, nicht in diese Technologie zu investieren, in einem zunehmend wettbewerbsorientierten Umfeld schnell obsolet wird.

Wie datenbasierte Entscheidungen Wettbewerbsvorteile schaffen können

Daten sind heute eines der wertvollsten Vermögenswerte für Unternehmen, und KI-gestützte Analysen sind eine Möglichkeit, diese Daten zu einem Wettbewerbsvorteil zu nutzen. Datengesteuerte Entscheidungen beziehen sich auf

Entscheidungen, die auf der Grundlage von Erkenntnissen getroffen werden, die aus der Analyse verfügbarer Informationen gewonnen wurden. KI ist gut darin, komplexe Datensätze zu interpretieren, was zu fundierteren Entscheidungen führt. Eine solche Lösung ist wertvoll, da Unternehmen in hohem Maße von der Reduzierung von Unsicherheit und Risiko profitieren, indem sie die zukünftige Leistung des Unternehmens vorhersagen. In der Vergangenheit wurden einige Entscheidungen aus einer Laune heraus getroffen, anstatt auf fundiertem Wissen zu basieren. Mit KI können Unternehmen frühere Leistungen und aufkommende Trends analysieren, um sowohl die zukünftige Leistung als auch die sich möglicherweise ergebenden Geschäftsmöglichkeiten vorherzusagen. Beispielsweise können Einzelhändler einen genaueren Überblick als je zuvor darüber erhalten, was sich verkaufen könnte und was wahrscheinlich in den Regalen bleiben wird. KI-Systeme können die Verbrauchernachfrage vorhersagen, was zu einem effizienteren Produktionsprozess und letztendlich zu Kosteneinsparungen führt. Darüber hinaus können Unternehmen mit KI personalisiertere Dienste und Produkte anbieten als jemals zuvor. Durch die Analyse des Kaufverhaltens, der Kaufhistorie und der Vorlieben ähnlicher Kunden kann KI Unternehmen helfen zu verstehen, wonach die Kunden genau suchen könnten. Netflix und Spotify sind großartige Beispiele für Abonnementunternehmen, die KI zur Verwaltung ihrer Waren einsetzen. Ihre Empfehlungsmaschinen gehen bis ins kleinste Detail, um den Nutzern Inhalte zu empfehlen, die ihnen gefallen werden. Im Finanzbereich kann KI Trends viel schneller erkennen als Menschen . Einige Hedgefonds kaufen mittlerweile KI-Systeme, die Nachrichten lesen und verfolgen können. Sie nutzen diese Informationen, um Geschäfte abzuschließen, bevor andere reagieren können, das heißt, bevor die Informationen öffentlich bekannt werden.

Darüber hinaus kann KI dabei helfen, neue Geschäftsfelder aus Erkenntnissen oder Mustern zu erschließen, die manche Menschen nicht bemerken würden. KI-Systeme können beispielsweise erkennen, dass Menschen bestimmte Produkte für ihr Gesicht nur dann kaufen, wenn sie wahrscheinlich auch eine spezielle Creme kaufen, um ihr Aussehen attraktiver zu machen. Dank KI können Unternehmen die Creme zusammen mit diesen Produkten verkaufen.

Fallstudien von Unternehmen wie Amazon, Google und IBM Watson

Viele Unternehmen haben bereits KI eingesetzt, um ihre Geschäftsmodelle umzugestalten und sich einen Wettbewerbsvorteil zu verschaffen. Zu den guten Beispielen für KI-gesteuerte Organisationen zählen führende Unternehmen wie Amazon, Google und IBM Watson. Die wohl bekannteste Anwendung von KI im Handel ist das von Amazon entwickelte Empfehlungssystem. Der Online-Shop bietet personalisierte Produktvorschläge auf der Grundlage von Suchanfragen , Preisen, Browserverlauf und anderen aufgezeichneten Kundendaten. Dementsprechend macht ein solches Einkaufserlebnis den Entscheidungsprozess rationaler und hebt zusätzliche Anforderungen hervor, wodurch die Wahrscheinlichkeit steigt, andere Waren zu kaufen . Darüber hinaus ermöglichte das Programm eine deutliche Optimierung der Lieferkette, angefangen von der Nachfrageprognose bis hin zur Lagerverwaltung, und beseitigte das Problem der Überbestände oder des Überverkaufs von Waren. Anschließend setzte Amazon KI ein, um seinen virtuellen Assistenten Alexa auf den Markt zu bringen und eine neue Schnittstelle zwischen Unternehmen und Verbraucher zu schaffen. Die Einführung unschätzbar wertvoller und praktischer Dienste erleichterte die Beziehung zwischen Unternehmen und Kunden und garantierte langfristiges Vertrauen und Loyalität gegenüber Amazon seitens seiner Verbraucher.

Ein weiteres Beispiel für die Nutzung von KI durch Großunternehmen ist Google mit seinen prominenten Suchmaschinenaktivitäten. Tatsächlich beantwortet das immer beliebter werdende fortschrittliche Suchsystem der Welt täglich Milliarden von Anfragen und versorgt die Menschen mit den notwendigen Informationen. Tatsächlich wäre ein effizientes und ausreichendes Ergebnis ohne ein KI-basiertes Kontrollsystem unmöglich. Darüber hinaus hatten die innovativen Maßnahmen des Unternehmens in diesem Bereich zahlreiche Auswirkungen auf Forschung und Weiterentwicklung. Das offensichtliche Beispiel wäre Google Assistant, der 2016 entwickelt wurde, um zahlreiche Aufgaben für seine Benutzer auszuführen, darunter Suche und Terminplanung. Leider tauchte das Roboterfahren erst vor 7 Jahren im Jahr 2013 auf. Googles autonomes Fahrsystem Waymo nutzt

KI, um Echtzeitentscheidungen auf den Straßen zu treffen. Darüber hinaus gelang es dem Unternehmen, KI in verschiedenen Bereichen einzusetzen, beispielsweise in der natürlichen Sprache, der Computervision und sogar in der Verwaltung. Schließlich zeigte der Fall von IBM Watson ein perfektes Beispiel für die Anwendung von KI auf Unternehmenslösungen. Tatsächlich ermöglichen die Programme Ärzten, Patienten zu diagnostizieren, indem sie ihre Symptome mit bestehenden Erkrankungen vergleichen. Darüber hinaus ermöglichen unzählige Informationen, einschließlich der gesamten medizinischen Literatur, der KI-Anwendungssoftware, die beste Antwort basierend auf der Wahrscheinlichkeit ihrer Richtigkeit auszuwählen. Darüber hinaus können Finanzunternehmen dank der KI-Implementierung weitere Markttendenzen analysieren und profitable Vorhersagen treffen. Diese Beispiele beweisen also, dass die Integration von KI in das Geschäftsmodell führender KI-Unternehmen ihnen hilft, der Konkurrenz einen Schritt voraus zu sein und langfristigen Erfolg zu erzielen.

Schlüsselstrategien zur effektiven Integration von KI in Geschäftsmodelle

Für Unternehmen gibt es mehrere Strategien zur Umsetzung, da KI eine revolutionäre Technologie darstellt, die bereits viele Bereiche menschlicher Aktivität verändert hat. Diese Ansätze können durch eine Reihe von Phasen charakterisiert werden, die im Artikel „5 Strategien für KI-Erfolg" identifiziert wurden. Diese Phasen oder Schritte sind für Unternehmen wichtig , damit sie die Vorteile der Technologie nutzen und ihre Abläufe ändern können. Diese Schritte können wie folgt zusammengefasst werden.

Da KI mehrere Aspekte verbessern kann, besteht das erste entscheidende Element darin, die Hauptbereiche zu identifizieren, in denen die neue Technologie angewendet werden kann. In einem Unternehmen kann das neue System beispielsweise in Prozesse wie den Kundendienst integriert werden, wo Chatbots zum Einsatz kommen können, in das Lieferkettenmanagement, ins Marketing, um personalisierte Marketingdienste bereitzustellen, und so weiter. Darüber hinaus ist zu beachten, dass die Verfahren auf der Grundlage der Beziehungen zu den verwendeten Daten, der Verfügbarkeit potenzieller menschlicher Fehler oder

Automatisierung und der Verwendung sich wiederholender Aufgaben identifiziert werden müssen.

Da KI-Systeme spezifische Technologien erfordern, müssen Unternehmen Investitionen tätigen , um diese Prozesse und Maschinen zu etablieren. Zu den Investitionen können der Kauf von Hardware und Software gehören, aber das Schlüsselelement besteht darin, die Rohrleitungsverfahren zu identifizieren und diese zu etablieren. Für Unternehmen ist es jedoch auch wichtig, sicherzustellen, dass genügend Daten vorhanden sind. Neben dem Aufbau der IT-Infrastruktur und dem Unterzeichnen von Verträgen ist es wichtig, entsprechende Fachkräfte einzustellen. Auf diese Weise werden die Systeme in die bestehenden Systeme integriert und effektiv gewartet.

Darüber hinaus müssen genügend Daten verfügbar sein, sodass klare Richtlinien und Verfahren vorhanden sein müssen , um sicherzustellen, dass diese immer korrekt sind. Auf diese Weise besteht der letzte Schritt darin, sicherzustellen, dass ein relevantes System vorhanden ist und es funktioniert. Es ist jedoch zu beachten, dass die Systeme in kleinere unterteilt werden müssen, um die neuen Modelle entsprechend zu erstellen. Darüber hinaus können alle als Pilotprojekte betrachtet und weiter verbessert werden.

Kapitel 9 : Blockchain und dezentrale Geschäftsmodelle

Die Blockchain-Technologie ist zweifellos einer der revolutionärsten technologischen Fortschritte in der Geschäftswelt des 21. Jahrhunderts. Um die wahre Bedeutung dieser Entwicklung besser zu verstehen, sollte man sich vor Augen halten, dass ihre Grundprinzipien die Erstellung eines dezentralisierten und auf Tausende von Computergeräten verteilten Hauptbuchs sind. Mit anderen Worten: Es gibt keinen einzigen Datensatz von Transaktionen oder Eigentumsverhältnissen an Vermögenswerten oder Guthaben, sondern mehrere Kopien eines solchen Datensatzes. Um die gespeicherten Informationen zu ändern, müsste man alle Geräte, auf denen dieser bestimmte Datensatz gespeichert ist, gleichzeitig und synchronisiert durchsuchen, was praktisch unmöglich ist.

Der Hauptzweck der Blockchain besteht daher darin, Vertrauen zu schaffen, ohne dass ein Vermittler erforderlich ist. Die Überprüfung von Transaktionen in herkömmlichen Datenbanken erfordert immer die Genehmigung einer zentralen Behörde. Blockchain hingegen verwendet eine große Anzahl von Teilnehmern im System, die normalerweise als Knoten bezeichnet werden, um Transaktionen gemäß einem Mechanismus zur Konsensfindung zu überprüfen und zu genehmigen, der darauf abzielt, eine allgemeine Aufzeichnung der Speicherung zu erstellen. Diese letztere Form der Datenbank wird am stärksten mit Kryptowährungen und insbesondere mit Bitcoin in Verbindung gebracht, dessen Schöpfer und Entwickler dieses System tatsächlich zuerst erstellt haben. Die Vorteile eines solchen Aufzeichnungssystems sind jedoch nicht auf Finanzressourcen beschränkt, und tatsächlich wird diese Technologie aktiv in allen Arten von Datenbanken wie Logistik, Gesundheitswesen, Immobilien und Lieferkettenmanagement eingesetzt.

Die Gründe für das Interesse an dieser Technologie sind bei den verschiedenen Unternehmen unterschiedlich. Einige schätzen vor allem die erhöhte Transparenz. Jede Transaktion in einem Blockchain-System ist für alle Teilnehmer sichtbar, was es viel einfacher macht, den Fluss von Waren, Geld oder anderen Arten von Wertressourcen zu verfolgen . Diese Funktion ist beispielsweise ein unschätzbares Werkzeug für die Logistik, die logistisch stark davon profitieren kann, den genauen Aufenthaltsort eines Produkts zu jedem Zeitpunkt zu kennen. Das zweithäufigste Merkmal der Blockchain ist das erhöhte Sicherheitsniveau, wodurch Änderungen an den Informationen, sobald sie auf einem Gerät aufgezeichnet wurden, nahezu unmöglich sind. Dies ist nur aufgrund der beträchtlichen Anzahl separater Geräte möglich, aus denen das System besteht, und der Verwendung kryptografischer Sicherheitstools, wodurch sowohl Wertpapiere als auch alle anderen Daten dezentralisiert werden. Der dritte Vorteil besteht schließlich in der Kostensenkung und Beschleunigung von Transaktionen durch den Wegfall einer wesentlichen Unterstützungsstelle wie Banken, Clearingstellen oder Maklern.

Es gibt jedoch auch Vorteile, die nicht rein operativer Natur sind. Einer davon ist das Potenzial für die Entstehung eines neuen Geschäfts durch die Entwicklung dieser Technologie. In diesem Fall erstellen Unternehmen tatsächlich Anwendungen und Dienste auf der Blockchain, wie z. B. Smart Contracts oder dApps . Dabei handelt es sich um eine Blockchain-basierte Anwendung, die automatisch Transaktionen ausführt, sobald sich der Status einer der Parteien gemäß den von ihren Entwicklern festgelegten Regeln ändert.

Das Potenzial dezentraler Modelle und Peer-to-Peer-Transaktionen

Die Blockchain-Technologie erleichtert den Übergang zu dezentralen Modellen und ermöglicht dadurch Peer-to-Peer-Transaktionen. Die meisten bestehenden Geschäftsmodelle beinhalten nämlich eine zentrale Autorität, die Knoten reguliert, Regeln durchsetzt und Transaktionen verarbeitet. In einem dezentralen System wird die Kontrolle allen Parteien übertragen, die am Betrieb eines Unternehmens interessiert sind, d. h. denen, die miteinander interagieren. Dies macht blockchainbasierte Systeme effizienter und autonomer. In Fällen, in denen Verträge zwischen zwei Entitäten fällig sind, verlässt sich ein Blockchain-System darauf, sicherzustellen, dass Transaktionen von einem bereits vorhandenen Netzwerk beider in Echtzeit verarbeitet und aufgezeichnet werden. Aufgrund dieses Mechanismus ist das

Vertrauen implizit und muss nicht mit einer zentralen Autorität aufgebaut werden. Im Finanzbereich wird der Begriff als dezentrales Finanzwesen bezeichnet, da er die Abhängigkeit von Bankinstituten überflüssig macht. DeFi, das die Verfolgung der Herkunft von Waren oder der Krankengeschichte von Patienten beinhaltet und Geschäftstransaktionen auf systematischer Basis abwickelt, reduziert Abfall und Produktivität, wenn zwei Parteien direkt interagieren. Diese Funktion hat zahlreiche Auswirkungen.

Einerseits eliminieren P2P-Transaktionen Drittparteien bei den meisten Interaktionen und ermöglichen es den Benutzern, direkt untereinander zu handeln und Zahlungen zu leisten. Dieser Aspekt der Blockchain senkt Kosten, Abfall und Zeit bei P2P-Transaktionen. Die Bereitstellung von Kryptowährungen als Zahlungsmittel fügt dem System einen einzigartigen Aspekt hinzu, da es nicht auf ein geografisches Gebiet beschränkt ist. So können beispielsweise Musher, die sich nicht auf Banken verlassen wollen oder die nicht gerne vor Ort arbeiten, Transaktionen über das Internet durchführen. Andererseits bietet diese Funktion der Blockchain bestimmte Anwendungen, da zwei beliebige Parteien interagieren können. Im Finanzbereich können DeFi-Anwendungen auch auf regionalen oder nationalen Märkten funktionieren, wenn an der gesamten Transaktion zwei Parteien beteiligt sind.

Im Allgemeinen sind P2P-Interaktionen ein zweischneidiges Schwert. Wenn Banken und andere Drittparteien aus der Gleichung entfernt werden, werden die Kosten der Transaktionen auf Unternehmen übertragen, die in geeignete Ausrüstung investieren müssen, um den Austausch oder die Sicherheit des Systems zu erleichtern. Darüber hinaus laufen Zahlungen zwischen zwei Parteien über ein regionales oder nationales Handelssystem und werden möglicherweise nicht gut aufgezeichnet oder sogar ignoriert. Mit anderen Worten: Der Betrieb funktioniert unter realen Umständen weiterhin und die Blockchain wird entsprechend beeinflusst.

Fallstudien von Blockchain-basierten Unternehmen wie Ethereum, Ripple und Filecoin

Einige Blockchain-basierte Unternehmen zeigen die Macht der dezentralen Technologie, indem sie diese in bestimmten Fällen einsetzen, um neue Werte zu schaffen und traditionelle Industrien aufzurütteln. Drei Beispiele für solche Unternehmen sind Ethereum, Ripple und Filecoin ; allesamt Unternehmen haben neue Blockchain-basierte Plattformen entwickelt, um geschäftliche Probleme zu lösen . Ethereum ist nach Bitcoin wahrscheinlich die bekannteste Blockchain-Plattform. Sie schlug das neue Konzept der Smart Contracts vor, bei denen es sich um in die Blockchain kodierte Verträge handelt, die die Regeln und Konsequenzen der Vereinbarung festlegen. Smart Contracts erstellen dezentrale Anwendungen (dApps), die ohne die Notwendigkeit von Vermittlern laufen. Die Ethereum-Blockchain wird für eine Vielzahl von Zwecken eingesetzt, von dezentralen Finanzen und Börsen bis hin zu Marktplätzen für digitale Kunst (NFTs). Ihre Anwendung auf unterschiedliche Probleme zeigte den möglichen Zweck der Blockchain als Plattform zur Erstellung dezentraler Anwendungen. Ripple ist ein weiteres Blockchain-basiertes Unternehmen, das für ziemlich viel Aufruhr in der Finanzdienstleistungsbranche gesorgt hat. Seine Plattform basiert auf der Blockchain und wurde geschaffen, um grenzüberschreitende Zahlungen schnell und günstig zu machen. Während herkömmliche Zahlungsmethoden oft eine Vielzahl von Vermittlern und mehrere Tage Bearbeitungszeit umfassen, ist die Überweisung von Geld mit der Blockchain-basierten Plattform von Ripple effizienter . Sie wird von Banken im Vereinigten Königreich und in Japan verwendet. Ripple hat eine mögliche Implementierung mit Blockchain gezeigt, die in einigen Fällen Unternehmen billiger machen könnte. Filecoin ist ein weiteres Beispiel für die Verwendung von Blockchain zur Schaffung einer neuen Art von Geschäft. Filecoin ist ein dezentrales Speichernetzwerk, in dem Menschen freien Speicherplatz auf ihren Festplatten vermieten und etwas Geld in Kryptowährung verdienen müssen. Das Netzwerk verwendet Blockchain, um Informationen über die Verkäufer aufzuzeichnen und ihnen die Möglichkeit zu geben, ihre Dateien basierend auf den Datenspeicherbesitzern zu speichern. Es gibt andere Blockchain-Implementierungen in der Wirtschaft, aber diese Fälle zeigen die Vielfalt möglicher Geschäftsmodelle. Die Unternehmen verwenden Blockchain, um ein bestimmtes Geschäftsproblem zu lösen.

Wie Unternehmer Blockchain für neue Geschäftsmöglichkeiten nutzen können

Blockchain ist eine innovative Technologie, die Unternehmern, die innovative Mechanismen einführen und neue Geschäftsmodelle entwickeln möchten, zahlreiche Möglichkeiten bietet. Die Technologie hat ihre Flexibilität und Wirksamkeit bereits unter Beweis gestellt und bietet vielfältige Anwendungsmöglichkeiten. Mit ihrer Weiterentwicklung ergeben sich jedoch immer mehr Möglichkeiten. In diesem Dokument werden mehrere Strategien vorgestellt , wie Unternehmer Blockchain-Anwendungen für ihr Unternehmen nutzen können.

Zunächst müssen Unternehmer untersuchen, wie Blockchain bestehende Probleme in ihrem Bereich lösen kann. Beispielsweise kann es in Branchen wirksam sein, die ein hohes Maß an Transparenz, Sicherheit und Effizienz für Transaktionen oder Daten erfordern. Unternehmer sollten auch Bereiche in Betracht ziehen, in denen Vertrauen zwischen den Transaktionsparteien erforderlich ist oder in denen die Makler zusätzliche Kosten und Komplexität verursachen, da Blockchain dazu beitragen kann, das Vertrauenselement zu beseitigen oder unnötige Zwischenhändler zu ersetzen. Ab sofort hat die Technologie das Potenzial, das Lieferkettenmanagement, das Gesundheitswesen, den Immobilien- und Finanzbereich zu revolutionieren. In diesen Bereichen sind Transaktionen komplex und umfassen mehrere Teilnehmer. Darüber hinaus müssen die Daten oft häufig aktualisiert werden, und dies kann mit Blockchain-Technologien ebenfalls automatisiert werden. Gleichzeitig müssen Unternehmer die erforderliche Infrastruktur neu aufbauen, was die Entwicklung einer Blockchain-Plattform oder die Zusammenarbeit mit einer vorhandenen Plattform umfassen kann.

Eine weitere Möglichkeit besteht darin, einige Rechte oder Vermögenswerte des Unternehmens zu tokenisieren. Bei der Tokenisierung werden digitale Token erstellt, die eine digitale Version von Vermögenswerten oder Rechten des Unternehmens darstellen, deren Eigentum ausgetauscht werden kann. Diese Funktionsweise ermöglicht eine höhere Datenliquidität und einen einfacheren Austausch. Insgesamt profitieren die Unternehmer von einer besseren Kontrolle über ihre Vermögenswerte. Der Prozess befindet sich jedoch noch in der experimentellen Phase und kann einige rechtliche Probleme aufwerfen.

Eine weitere Möglichkeit besteht darin, eine dezentrale Anwendung zu erstellen, die keine Banken oder andere Dienstanbieter benötigt. Eine solche Anwendung kann beispielsweise im Finanzbereich entwickelt werden. Dezentrale Finanzprojekte ermöglichen es Menschen, digitale Vermögenswerte zu verleihen, zu leihen oder auszutauschen, ohne dass Banken erforderlich sind. Insgesamt ermöglicht eine mit Ethereum erstellte dezentrale Anwendung Unternehmern, teure Dienstanbieter loszuwerden.

Es gibt auch mehrere rechtliche Hindernisse. Obwohl die Technologie zahlreiche Vorteile verspricht, fehlt in vielen Fällen noch ein unterstützender Rechtsrahmen. Die Unternehmer sollten die aktuelle Gesetzgebung im Auge behalten und sicherstellen, dass ihre Aktivitäten den staatlichen Vorschriften zum Datenschutz oder zu Themen wie Sicherheit oder Wertpapieren entsprechen. Ein weiterer wichtiger Punkt ist, dass Blockchain ursprünglich für die Zusammenarbeit entwickelt wurde und der Unternehmer daher ein Netzwerk für die Zusammenarbeit aufbauen muss. Die Einführung von Blockchain als Lösung für bestimmte Probleme erfordert die koordinierte Anstrengung mehrerer Interessengruppen. Insgesamt sollten Unternehmer Blockchain untersuchen, um Ideen zu entwickeln, wie sie damit die bestehende Geschäftsstruktur neu organisieren oder ein völlig neues Modell entwickeln können.

Kapitel 10 : Lean-Startup-Methodik und agile Geschäftsmodelle

Im modernen Start-up- und Unternehmerumfeld sind die Lean-Startup-Prinzipien und die Agile-Methodik zwei der wichtigsten Rahmenbedingungen für die Gründung und Weiterentwicklung eines Unternehmens. Beide Ansätze zeichnen sich durch Flexibilität, Effizienz und Kundenorientierung aus, sodass Unternehmen schnell agieren, Abfall reduzieren und ihre Produkte oder Dienstleistungen verbessern können. Die von Eric Ries entwickelte Grundidee des Lean Startup konzentriert sich darauf, „ein Unternehmen durch eine Reihe von Experimenten aufzubauen, die darauf ausgelegt sind, Annahmen zu testen und Kunden so schnell wie möglich zu lernen". Daher bedeutet ein Lean Startup im Kern, ein bestimmtes Produkt oder eine bestimmte Dienstleistung in Form eines MVP auf den Markt zu bringen, also die grundlegendste Version einer Idee, die den Kunden immer noch einen Mehrwert bieten kann. Dieses Produkt erreicht die Benutzer und bietet Feedback aus der realen Welt, wodurch Unternehmer verstehen, was getan werden sollte, und die ursprüngliche Idee ändern können, ohne viel Zeit oder Geld zu investieren. Der schnelle Zyklus aus Produktentwicklung, Erfolgsmessung und Lernen ist der zentrale Aspekt eines Lean Startups, der ständig wiederholt wird, um das Endprodukt den Anforderungen der Benutzer näher zu bringen. Eine Agile - Methodik ist ein weiterer Ansatz, der zur Beschreibung von Lean Startups verwendet werden kann. Es handelt sich um einen grundlegenden Aspekt des Software-Engineerings, der in allen Branchen anwendbar ist und die Verwendung iterativer und planungsorientierter Tools impliziert. Daher wird ein kürzerer Entwicklungszyklus, der als Sprint bezeichnet wird, vordefiniert, in dem sich das Team auf bestimmte Teile eines Produkts konzentrieren kann. Anschließend wird dieses Produkt getestet, angepasst und schließlich verbessert. Agilität wird durch die Zusammenarbeit, Kommunikation, Reaktionsfähigkeit und Flexibilität der beteiligten Teams erleichtert. Daher implizieren sowohl Lean-Start-up- als auch Agile-Methoden die Bedeutung des Testens, des Kennenlernens der tatsächlichen Erfahrungen der

Kunden und des schnellen Änderns, ohne sich auf Ideen festzulegen, die sich als falsch erwiesen haben.

So erstellen, validieren und ändern Sie Geschäftsmodelle schnell

Der Lean-Startup-Ansatz unterscheidet sich dadurch, dass er das Risikomanagement von der Abfallvermeidung entkoppelt und sich auf die schnelle und ressourcenschonende Erstellung und Validierung von Geschäftsmodellen konzentriert. Der Ansatz basiert auf dem Konzept des MVP, das die Grundlage für die Validierung eines Modells bildet. Es wird typischerweise aus den Hypothesen des Unternehmers entwickelt – normalerweise eine über das zu lösende Problem – und dient als Mittel zum Testen dieser Hypothesen, stellt jedoch noch kein Endprodukt dar.

Tatsächlich bezieht sich „minimal" hier nicht auf die Qualität des Produkts, sondern auf den Umfang der Entwicklung – das MVP enthält nur so viele Funktionen, wie zur Lösung des Problems oder zur Schaffung eines anderen Mehrwerts für den Kunden erforderlich sind. Das bedeutet nicht, dass die dahinterstehende Geschäftsidee unbedingt einfach sein muss, aber es ist wichtig, dass nur die wesentlichsten Teile im MVP umgesetzt werden. Dann wird es auf den Markt gebracht und der Unternehmer sieht, ob die Early Adopters Interesse daran zeigen. Wenn sich die Tests als erfolglos herausstellen, kann ein solches Feedback zeigen, welcher Aspekt falsch eingeschätzt wurde – das Produkt selbst, die Zielgruppe oder das Geschäftsmodell. Die Validierung eines Geschäftsmodells erfolgt durch die Interaktionen sowie die Reaktionen der echten Kunden; um diese zu messen, können verschiedene KPIs verwendet werden, wie z. B. Benutzerbindungsraten, Konversionsraten, Nutzungsdauer und Benutzerreaktionszeit.

Solche zahlreichen quantitativen Indikatoren können dabei helfen, ein Bild von der Nachfrage nach dem Produkt und der Qualität der eigenen ersten Urteile darüber zu zeichnen. Die Ergebnisse liefern eine Grundlage für die Entscheidung, was als nächstes zu tun ist – entweder weiter an der aktuellen Idee zu arbeiten oder eine Wende vorzunehmen. Dies ist der Begriff, der die andere Methode darstellt, mit der die Lean-Startup- und Agile-Methoden mit den Risiken umgehen, und er ist fast ebenso zentral. Eine Wende ist eine radikale Richtungsänderung, die noch mit der Grundlage des vorhergehenden Modells in Verbindung steht und als strukturierte Methode zum Testen einer neuen Hypothese dient. Sie kann das Produkt betreffen, wie im Fall von Webvan oder Apple, die ihr Wertversprechen komplett überarbeiten mussten, oder die Zielgruppe, wie im schlimmsten Fall bei YouTube, wo die Einnahmen sanken und es dann als allgemeine Video-Hosting-Plattform gerettet wurde. Solche Änderungen können groß oder klein sein, aber normalerweise sind es die größeren, die den größten Wert schaffen, und es ist wichtig, kultiviert und rechtzeitig damit umzugehen – die Wende im richtigen Moment vorzunehmen.

Fallstudien von Unternehmen wie Dropbox, Zappos und Slack

Viele erfolgreiche Unternehmen bauten auf Lean- Startup- und Agile-Methoden auf und bewiesen, dass diese Ansätze zu Wachstum und Wohlstand führen können. Dropbox, Zappos und Slack sind drei Unternehmen, die Erfolg hatten. Zu Beginn entwickelte Gründer Drew Houston nicht sofort ein Produkt wie Dropbox. Stattdessen drehte er ein einfaches Video, um zu beweisen, dass seine Idee umsetzbar war. Er präsentierte es der Welt und war erfreut darüber, dass vielen Leuten die Idee von Dropbox gefiel. Zuvor hatte er herausgefunden, wie man eine Marketingidee testen kann, ohne Zeit mit der Produktentwicklung zu verbringen. Houston war von seiner Begeisterung inspiriert und begann, ein Produkt zu entwickeln und eine Datei zu erstellen, die geteilt werden kann. Dieser Ansatz ermöglichte es Dropbox, ein einzigartiges Produkt zu entwickeln, das echte Probleme löste und zu Wachstum und Wohlstand führte. Somit hat MVP auch Vorteile und kann nützlich sein, wenn eine Person nicht über genügend Mittel für die beste Leistung verfügt.

Der Schuhhändler Zappos begann seine Reise mit einem MVP, indem er Fotos von Schuhen machte und sie im Internet veröffentlichte. Anstatt eine komplette E-Commerce-Plattform zu erstellen, machte Gründer Nick Swinmurn Fotos und lud sie auf die Website hoch. Viele Kunden begannen, Turnschuhe zu kaufen. Nick Swinmurn nahm Bargeld, kaufte Schuhe im Laden und schickte sie an die Kunden. So mussten die Mitarbeiter von Zappos kein Lager mieten und kaufen und keine Schuhe auf Lager haben. Dieser Ansatz sparte Geld und Zappos konnte wachsen. Der Einzelhändler erhielt Feedback, das für Zappos eine Quelle der Stärke war. Im Laufe der Zeit wuchs das Unternehmen, zog viele Kunden an und bot bessere Produkte an. Amazon kaufte Zappos schließlich.

Slack-Gründer Stewart Butterfield und sein Team entwickelten ein internes Nachrichtensystem für das Spiel des Unternehmens. Butterfield erkannte schnell, dass ein solches Tool wertvoll war, da die Mitarbeiter es gerne nutzten und es dem Unternehmen mehr Spaß machte. Er beschloss, das Produkt anderen Unternehmen und neuen Benutzern zu widmen. Daraufhin startete Butterfield MVP und begann, es zu verwenden, um Verbesserungen vorzunehmen. MVP beinhaltete schnelle Änderungen und Benutzerreaktionen, sodass Slack schnell viele Teams weltweit zusammenbringen konnte. Dies war die verwendete Methode und der Erfolg des Produkts.

Praktische Schritte für Unternehmer zur Einführung eines schlanken und agilen Ansatzes

Für Unternehmer, die den Lean- und Agile-Ansatz nutzen möchten, gibt es jedoch mehrere praktische Schritte:

Schritt 1: Identifizieren Sie das Problem.

Schritt 2: Entwickeln Sie eine Hypothese zur Lösung, die auf den Daten aus dem ersten Schritt basiert.

Schritt 3: Entwickeln Sie ein MVP, das die wichtigsten Funktionen enthält und sehr schnell zu entwickeln ist;

Schritt 4: Starten und testen Sie das MVP. Entscheiden Sie auf Grundlage der im vorherigen Schritt erhaltenen Daten, ob es beibehalten oder geändert werden soll.

Schritt 5: Verbessern oder iterieren.

Schritt 6. Wiederholen Sie alles immer wieder .

Beim Einsatz der Agile- und Lean-Methodik sind mehrere wichtige Punkte zu beachten.

Zunächst sollte ein Unternehmer im ersten Schritt das Problem formulieren, das sein zukünftiges Unternehmen lösen soll, und auf dessen Grundlage er eine vernünftige Hypothese aufstellen kann. Diese Hypothese muss bestimmte Anforderungen erfüllen. Erstens muss sie wissenschaftlich sein. Mit anderen Worten: Die Hypothese muss auf vorhandenen Daten basieren, die dem Unternehmer bereits zur Verfügung stehen. Zweitens muss die Hypothese auch falsifizierbar sein. Mit anderen Worten: Der Unternehmer muss anhand der vom MVP erhaltenen Daten erkennen, ob sich die Hypothese als richtig erwiesen hat.

Zweitens sollte das MVP in jedem Fall schnell entwickelt und eingeführt werden können. Dies ist eines der Prinzipien der Lean-Startup-Methodik. Der Hauptzweck des MVP besteht darin, die Daten zu testen, die das Unternehmen bereits hat. Es ist nicht beabsichtigt, Monate oder sogar Jahre damit zu verbringen , ein MVP zu entwickeln.

Darüber hinaus ist eine weitere wichtige Voraussetzung für die Verwendung von Lean-Startup- und Agile-Methoden die Konzentration auf die Bedürfnisse der Benutzer. Eines der Grundprinzipien der Lean-Startup-Methodik besteht darin, immer auf die wirklichen Bedürfnisse der Kunden einzugehen.

Kapitel 11 : Crowdsourcing und kollaborative Geschäftsmodelle

Eines der wirkungsvollsten Tools, die in modernen Unternehmen für Innovation oder Finanzierung eingesetzt werden, ist Crowdsourcing. Crowdsourcing bezeichnet die Praxis, Ideen, Dienstleistungen oder Finanzierung von einer großen Gruppe von Menschen zu erhalten, hauptsächlich aus dem Internet. Dieses Konzept hat Dutzende von Unternehmen und Unternehmern revolutioniert, die Probleme mit der Lösung von Problemen, der Entwicklung von Produkten oder der Beschaffung von Kapital hatten. Mithilfe dieses Tools können Unternehmen auf das Wissen und die Fähigkeiten einer besonders großen, oft globalen Gruppe von Menschen zugreifen, die keine einzelne zentrale Behörde oder ausreichend Personal bereitstellen könnte. Crowdsourcing ist eine fortschrittliche innovative Technologie, die neue Formen der Erzielung von Ergebnissen vorschlägt, die auf herkömmliche Weise nicht in größerem Umfang, teurer oder einfach unmöglich hätten erreicht werden können.

In Bezug auf Innovation liegt die Kraft des Crowdsourcing in der Fähigkeit, „das verteilte Wissen und die Kreativität einer großen Menschenmenge zu nutzen". Einige Branchen sind innovationsintensiv; um wettbewerbsfähig zu bleiben und neue Produkte zu entwickeln, sind hohe intellektuelle und innovative Aktivitäten erforderlich. Crowdsourcing ist in solchen Fällen ein hervorragendes Instrument, da externe Experten oder normale Menschen, die keine Verbindung zum Unternehmen oder zur Branche haben, das Problem aus einem neuen, ungewöhnlichen Blickwinkel betrachten und Lösungsvorschläge machen können. Die Ideengeber haben möglicherweise andere Lebenserfahrungen und sehen möglicherweise, was die Mitarbeiter des Unternehmens nicht sehen. In der Produktion solcher Branchen müssen sich Unternehmen oft mit der endlosen Wiederholung abgedroschener und bereits ineffektiver Methoden zur Gestaltung oder Herstellung von Produkten auseinandersetzen. Von außen betrachtet arbeiten die Menschen nicht ständig in einer Branche und können beim Blick auf das Problem neue statt bereits ausgetretene Methoden vorschlagen. In Bezug auf die Finanzierung hat Crowdsourcing ein enormes Potenzial und ermöglicht es der Öffentlichkeit, direkt Geld zu sammeln, anstatt einen Bankkredit aufzunehmen. Fundraising-Websites bieten den Service Crowdfunding an, bei dem Start-ups gezwungen sind, in großem Umfang Geld von normalen Menschen zu suchen, die bereit sind, im Gegenzug ihren Beitrag zu spenden oder Anteile zu geben. Traditionelle Mittelbeschaffungsmethoden werden im Vergleich zu Risikokapital oder einem Bankkredit wiederhergestellt. Für einige Unternehmen sind Bankkredite geeignet und akzeptabel, wenn sie über Sicherheiten verfügen, während ohne diese keine Bank das Risiko eingehen und einem solchen Unternehmen einen Kredit gewähren würde. Dasselbe gilt für Risikokapitalfonds, die nur dann bereit sind, Anteile zu übernehmen, wenn ein Unternehmen über ein ausreichend entwickeltes und getestetes Produkt verfügt. Fundraising-Websites sind unerlässlich, um die erforderlichen Mittel zu erhalten, und wenn sie erfolgreich sind, haben vor allem die Verbraucher im Laufe der Zeit eine fertige Begründung in Form von Großhandelskäufen, um sich zu entwickeln und zu einem erweiterten Verkaufsmodell überzugehen. Crowdbasierte Plattformen zum Spenden von Geld und Validieren von Ideen geben jedem die Möglichkeit, die Nachfrage der Kunden zu prüfen, bevor er zum aktiven Verkauf übergeht. Die entscheidende Kraft des Crowdsourcing besteht also darin, Unternehmen oder Unternehmern neue Möglichkeiten in Form vieler Menschen zu bieten, von potenziellen Beitragszahlern über Partner bis hin zu Geldgebern, Interessenvertretern und Kunden.

Fallstudien von Unternehmen wie Kickstarter, Wikipedia und Waze

Zahlreiche Unternehmen haben Crowdsourcing eingesetzt, um Marktführer oder zumindest einige der erfolgreichsten Unternehmen zu werden. Das Titelkonzept hat somit seine Vielseitigkeit und Wirksamkeit bewiesen. Drei sehr erfolgreiche Unternehmen, nämlich Kickstarter, Wikipedia und Waze, haben verschiedene Formen des Crowdsourcings genutzt, um erfolgreich zu sein. Kickstarter ist besonders bemerkenswert, weil es sowohl die Nutzung von Crowdsourcing ermöglichte als auch ein tragfähiges Geschäftsmodell entstehen ließ. Das 2009 gegründete Unternehmen ermöglicht es Unternehmern nun, innerhalb von zehn bis acht Wochen zu versuchen, ihre Startups zu finanzieren,

Spenden im Austausch gegen Belohnungen anzunehmen, Filmemacher, Musiker, Designer von Gadgets und Spielen usw. Tausende von profitablen Projekten zu finden, und die Website hat es einfacher gemacht, finanzielle Unterstützung zu finden. In vielerlei Hinsicht definiert es das Belohnungssystem: Erstens werden die Geschäftsinhaber ermutigt, ein attraktives Angebot zu machen, und zweitens werden Spender aufgefordert, kein Geld an Investoren zu geben, die sie nicht beabsichtigen. Darüber hinaus wurde die Berichterstattung über eine breite Palette von Unternehmen demokratischer und ermöglichte es allen, Projektideen zu testen, bevor die Produktionskosten anfielen. Wikipedia wiederum nutzte das Wissen einer großen Zahl von Menschen, um sein Produkt zu entwickeln. Die 2001 gegründete Website wird weiterhin von Freiwilligen entwickelt, die Artikel und Beiträge schreiben, bearbeiten und verfeinern. Trotz der Bedenken, dass dies bedeutet, dass der Inhalt aus sachlicher Sicht nicht vertrauenswürdig ist, hat Wikipedia ein Moderatorensystem entwickelt und zitiert seine Quellen auf der Website. Das Unternehmen hat auch bewiesen, dass Menschen zusammenarbeiten können, um riesige, komplexe Systeme mit relativ minimalem Verwaltungsaufwand zu erstellen und aufrechtzuerhalten. Waze verwendet Crowdsourcing- Schwimmen, um genaue Verkehrs- und Straßeninformationen in Echtzeit zu erhalten. Es war bereits ein etabliertes Unternehmen, als es 2013 von Google gekauft wurde, funktioniert aber immer noch gut als Beispiel für Crowdsourcing in der Dienstleistungsbranche oder Technologie. Informieren Sie sie, wenn es auf der Straße Straßenbauarbeiten, Unfälle oder Staus gibt. Das Navigationssystem des Unternehmens nutzt diese Daten per Crowdsourcing und bietet Karten, die so aktuell sind wie kein anderes. Beide bieten eine ziemlich eindeutige Erklärung dafür, wie Crowdsourcing genutzt werden kann, und keines davon überschneidet sich, sodass sie vollkommen gültig sein sollten.

So bauen Sie eine Community auf und nutzen die Masse für Ihr Wachstum

Der Schlüssel zu jeder Crowdsourcing-Initiative ist eine unterstützende und engagierte Community. Eine entsprechend motivierte Crowd kann nicht nur die Ideen- und Erkenntnissammlung vorantreiben, sondern auch die Förderung des Projekts unterstützen oder Gelder bereitstellen. Da jedoch alle Crowdsourcing-Projekte einzigartige Zwecke verfolgen, sollten ihre Communities auch auf ihre eigene Weise behandelt werden. Für Unternehmen und Unternehmer bedeutet dies, dass mehrere Ansätze kombiniert werden sollten, darunter die Entwicklung eines Wertversprechens, ständiges Engagement, Anerkennung und ein klar definierter Zweck.

Der erste Schritt beim Aufbau einer solchen Community besteht darin, den Zweck eines Projekts zu definieren. Die Ziele sollten transparent sein und die Gründe für die Teilnahme sollten den Menschen klar sein. Keine Crowdsourcing-Initiative wird bei den Teilnehmern erfolgreich sein, wenn sie sehen, dass ihr Engagement keine Bedeutung hat oder sie keinen klaren Nutzen daraus ziehen. Sobald der Zweck definiert ist, sollte die Crowd durch Feedback-Sammlung, regelmäßige Updates und Anerkennung ständig eingebunden werden. Um diese Ziele zu erreichen, können verschiedene Kommunikationsinstrumente verwendet werden, darunter soziale Medien, Newsletter oder andere Plattformen, die bei den Benutzern beliebt sind. Sie können auch ermutigt werden, untereinander zu interagieren: Beispielsweise können schwierige Probleme, die eine Lösung erfordern, zwischen den Benutzern geteilt und der Dialog in den Kommentarbereichen gefördert werden. Die wichtigste Voraussetzung ist jedoch, die Benutzer ständig über die Ergebnisse ihrer Bemühungen zu informieren. Unternehmen wenden diese Strategien an, indem sie ihren Geldgebern regelmäßig über ihre Fortschritte berichten . Crowdfunding-Plattformen informieren die Spender auch über die erreichten Ziele, und Unternehmen, die über soziale Medien Rohideen sammeln, informieren ihre Teilnehmer auch über die Art und Weise, wie ihre Ideen umgesetzt wurden. Ein weiterer Ansatz, um Mitwirkende zu motivieren, besteht darin, sie durch Belohnungen, Anerkennungen oder spielerische Wettbewerbe zu motivieren. So können beispielsweise Personen, die die meisten Ideen teilen, in einer virtuellen Bestenliste weiter nach oben rücken oder spezielle „Anhänger"- oder „Enthusiasten"-Abzeichen erhalten.

Praktische Tipps zur Implementierung von Crowdsourcing in Geschäftsstrategien

Crowdsourcing ist ein Prozess, der vielen Unternehmen und Unternehmern Vorteile bringen kann. Es ist jedoch zu beachten, dass Sie dieses Konzept in Ihre Geschäftsstrategie integrieren und einen bestimmten Ansatz verfolgen müssen , um die Implementierung an den gewünschten Zielen auszurichten. Es gibt mehrere praktische Tipps für jeden Unternehmer oder Geschäftsinhaber, der Crowdsourcing als Teil seiner Geschäftstätigkeit in Betracht zieht:

1. Identifizieren Sie Ihre Ziele. Wie bei jeder anderen Initiative ist es wichtig zu wissen, was Sie erreichen möchten. Abhängig von der genauen Art des Crowdsourcings und der Moderationstechnik möchten Sie möglicherweise neue Ideen finden, Software- oder Hardwareanwendungen erstellen oder Spenden zur Finanzierung Ihres Unternehmens erhalten. Diese Aspekte sollten genau und entsprechend dem spezifischen Umfang definiert werden, beispielsweise der gewünschten Menge innovativer Ideen oder der Höhe der Finanzierung.

2. Wählen Sie die richtige Plattform. Es gibt viele Plattformen, die Unternehmer und Unternehmen nutzen können, um per Crowdsourcing Geld für ihr Unternehmen zu beschaffen. Beliebte Crowdfunding-Plattformen sind Kickstarter und Indiegogo. Wenn Sie Designs für Ihr Element per Crowdsourcing beschaffen möchten, können Sie 99designs wählen. Wenn der Geschäftsinhaber jedoch per Crowdsourcing Daten für sein Unternehmen sammeln möchte, sollte er nach anderen Plattformen suchen, die sich auf diese spezielle Art von Crowdsourcing konzentrieren.

3. Kommunizieren Sie mit den Mitwirkenden. Jedes Unternehmen, das Crowdsourcing nutzen möchte, sollte einen Kommunikationsplan haben. Das Unternehmen muss mit den Mitwirkenden in Kontakt bleiben, sie über Updates und geplante Aktionen informieren und nach spezifischen Arten der Unterstützung fragen. Regelmäßige Updates und Handlungsaufforderungen stellen sicher, dass die Mitwirkenden die Situation nicht als passive Akteure, sondern als Mitglieder einer Community betrachten, der sie helfen möchten.

4. Nutzen Sie die bereitgestellten Daten und die bereitgestellte Unterstützung. Der vielleicht wichtigste Aspekt jeder dieser Ideen ist die Tatsache, dass die Unternehmen die bereitgestellten Daten, Designs, Ideen oder Finanzierungen nutzen. Wenn die Gründer sich entscheiden, ihre Pläne nicht umzusetzen, weil sie glauben, einen besseren Weg gefunden zu haben, sollte dies den Mitwirkenden mitgeteilt werden.

5. Übernehmen Sie Verantwortung. Unternehmen, die Crowdsourcing zur Finanzierung nutzen, sollten für die Verwaltung der bereitgestellten Mittel verantwortlich sein. Wenn es zu erheblichen Abweichungen vom ursprünglichen Plan kommt und das Unternehmen das versprochene Ergebnis nicht liefern kann, sollten die beteiligten Parteien das Problem besprechen. Verantwortung nicht nur gegenüber den Kunden, sondern auch gegenüber der Crowd ist unerlässlich, wenn der Transaktionsbetrag erheblich ist.

Mithilfe dieser Ideen kann man einen angemessenen und geschäftsorientierten Crowdsourcing-Prozess sicher umsetzen. Die Beispiele beliebter Unternehmen, die mit der Nutzung der Crowd-Ressourcen begannen, zeigen die potenziellen Vorteile dieses Ansatzes: Wikipedia, Waze und Oculus Rift begannen alle mit Crowdfunding, mit ermächtigten Einzelpersonen, die klare Ziele erkannten und wussten, was von ihnen verlangt wurde.

Kapitel 12 : Nutzung von Ökosystemen und strategischen Partnerschaften

Im Zeitalter der hypervernetzten Weltwirtschaft agieren Unternehmen nicht mehr allein, sondern gedeihen als Teil von Ökosystemen aus vernetzten Akteuren. Ein geschäftliches Ökosystem „beschreibt das Netzwerk aus Unternehmen, Lieferanten, Händlern, Kunden, Wettbewerbern und anderen Beteiligten, die durch Wettbewerb oder Kooperation an der Bereitstellung eines bestimmten Produkts oder einer bestimmten Dienstleistung beteiligt sind". Einerseits unterstützt der Prozess der Ökosystembildung den Erfolg der daran beteiligten Unternehmen, da er ihnen ermöglicht, die Herausforderungen zu bewältigen, die die Anpassung an das sich ständig verändernde Umfeld mit sich bringt. Andererseits entwickelt sich auch Innovation im Rahmen geschäftlicher Ökosysteme. Dabei geht es in erster Linie um Synergien, aber sie fördert auch die Zusammenarbeit und die gemeinsame Verantwortung der Mitglieder des Ökosystems.

Tatsächlich teilen Unternehmen, die in Geschäftsökosystemen involviert sind, oft Ressourcen und Wissen und erkunden neue Technologien und Ansätze, die sie allein nicht entwickeln könnten. Hardwarehersteller beispielsweise bauen eine funktionierende Beziehung zu Softwareentwicklern und Dienstanbietern auf und arbeiten dann zusammen , um eine integrierte Lösung auf den Markt zu bringen. Geschäftsökosysteme fördern daher Innovationen, indem sie das Produktangebot verbessern und auf die neuesten Veränderungen und Trends auf dem Markt eingehen. Gleichzeitig schaffen Geschäftsökosysteme eine Umgebung, in der es Unternehmen leichter fällt, zu experimentieren und zu iterieren. Da die Branchen weiterhin durch die sich rasch ändernden Technologien und Markttrends gestört werden, stellen Geschäftsökosysteme sicher, dass ansässige Unternehmen umgehend reagieren können. In der heutigen Umgebung, in der Innovation für das weitere Funktionieren und den Erfolg jedes Unternehmens unerlässlich ist, helfen Ökosysteme Unternehmen dabei, einen größeren Pool an Ressourcen und Möglichkeiten zu schaffen, als es ein einzelnes Unternehmen könnte, wenn es allein arbeiten würde.

So identifizieren und entwickeln Sie strategische Partnerschaften

Der Prozess der Schaffung eines wachsenden und sich entwickelnden Geschäftsökosystems beginnt mit der Suche und Pflege strategischer Partnerschaften. Strategische Partnerschaften implizieren die Beziehungen zwischen verschiedenen Organisationen, die sich zusammenschließen, um gemeinsame Ziele zu erreichen und füreinander Werte zu schaffen. Es gibt eine breite Palette von Formen, die solche Partnerschaften annehmen können – von Joint Ventures und Allianzen bis hin zu Lieferantenbeziehungen und gemeinsamen Entwicklungsaktivitäten. Der erste Schritt, den das Unternehmen beim Aufbau einer strategischen Partnerschaft unternehmen muss, besteht darin, seine eigenen Stärken und Schwächen zu bewerten. Das heißt, man muss erkennen, welche seiner Prozesse durch die Bemühungen, Technologien oder Ressourcen einer anderen Agentur verbessert werden können. Ein Beispiel dafür ist die Zusammenarbeit zwischen einer Hightech-Organisation und einem Designunternehmen, das ersteres bei der Verbesserung des UX-Designs der Produkte unterstützt. Ein weiteres Beispiel betrifft die Vereinbarung zwischen einem Technologieunternehmen und einem Logistikanbieter, der die Prozesse zur Verteilung der eigenen Produkte optimieren kann. Das Wichtigste ist, sich daran zu erinnern, dass jede Partnerschaft um das herum strukturiert sein sollte, was jede Partei am besten kann. Ziel ist es, Beziehungen zu Unternehmen aufzubauen, deren Geschäftstätigkeiten den eigenen strategischen Zielen ähneln . Das heißt, die Geschäftstätigkeiten der Partner sollten dabei helfen, die Bereiche zu finden, in denen es dem Unternehmen möglicherweise an etwas mangelt. Der zweite Schritt besteht darin, die Kooperationsvereinbarung auszuarbeiten – die Beziehungen sollten so gestaltet sein, dass die Unternehmen „weiterhin investieren möchten". Auch die gegenseitigen Vorteile für die Unternehmen sollten von Anfang an klar sein, sei es die Ausweitung des Marktes, der Zugang zum geistigen Eigentum oder die Schaffung gemeinsam entwickelter Produkte. Schließlich sollte man sich immer um die Beziehungen kümmern, damit sie immer produktiv sind und man ein erfolgreicher Partner bleibt.

Fallstudien von Unternehmen wie Apple, Salesforce und Microsoft

Die Praktiken von Unternehmen enthüllen nicht nur die Geheimnisse von Ökosystemen, die möglicherweise zu nachhaltiger Leistung geführt haben, sondern ermöglichen es auch anderen Organisationen, ihr Verhalten zu wiederholen. Im Folgenden sind drei Beispiele von Apple, Salesforce und Microsoft aufgeführt. Apple entwickelt Anwendungen in seinem riesigen App Store-Ökosystem, indem es mit Tausenden unabhängigen Entwicklern auf der ganzen Welt zusammenarbeitet. Es stellt Entwicklern Tools, Plattformen und Lieferkanäle zur Verfügung, arbeitet mit externen App-Entwicklern zusammen und bietet Verbrauchern eine breite Palette von Anwendungen. Dieses Ökosystem hilft Apples Geräten, einschließlich iPhone und iPad, im Ökosystem erfolgreich zu sein, während es durch Partnerschaften mit Hardwareherstellern, Netzbetreibern und Inhaltsanbietern erhebliche Fortschritte bei der Umsetzung seines Ökosystems gemacht hat. Das Ökosystem von Apple ist das Technologiezentrum der Welt und eines der fortschrittlichsten.

Zweitens ist Salesforce eine Cloud-basierte CRM-App und ein früher Initiator von Ökosystemteams. Salesforce hat rund um seine AppExchange-Cloud-Plattform ein riesiges Ökosystem aus Partnern, Kunden und Drittentwicklern geschaffen, das es Benutzern ermöglicht, Anwendungen zu verkaufen, die in Salesforce CRM integriert sind. Dadurch können Anbieter die Funktionen ihrer Kontaktplattform erweitern und gleichzeitig anderen Unternehmen Support über andere Unternehmen bieten. Salesforce arbeitete mit kleinen und großen Unternehmen zusammen, um branchenspezifische Cloud-Anwendungen für die Cloud-Verteilung kompletter Cloud-CRM-Lösungen zu entwickeln. Die Vertriebsteams entwickelten sich schnell und blieben aufgrund der exponentiell steigenden Verbreitung und Anreize für seine Produkte an der Spitze des CRM-Marktes.

Drittens hat Microsoft eine lange Geschichte mit Ökosystemen wie dem Windows-Betriebssystem und dem Azure-Cloud-Dienst.

Microsoft hat Beziehungen zu anderen Hardwareherstellern, Anwendungsentwicklern und Cloud-Speicheranbietern aufgebaut, die bei der Datenanalyse, der Implementierung von KI-Algorithmen und IoT helfen. Der Technologieriese aus Redmond arbeitet mit kleinen Unternehmen und Unternehmen auf der ganzen Welt zusammen. Es ist ein großes und sich entwickelndes Kapital.

Zusammenfassend lässt sich sagen, dass die drei oben genannten Plattformen ein gutes Beispiel für Partner sein können , die Beziehungen für Ökosysteme aufbauen, ihre Märkte erweitern und durch die Förderung einer solchen Vernetzung und die Annahme der Unterstützung anderer dauerhaften Wert schaffen konnten.

Strategien zum Aufbau und zur Pflege eines Business-Ökosystems

Der Aufbau und die Pflege eines Business-Ökosystems ist keine leichte Aufgabe. Um es richtig zu machen, sind mehrere Schritte erforderlich, von der Suche nach den richtigen Partnern bis hin zur Pflege der richtigen Beziehungen. Die folgenden Strategien können Unternehmen dabei helfen, ein erfolgreiches Ökosystem aufzubauen und zu unterstützen, das Innovation und nachhaltiges Wachstum fördert.

* Definieren Sie das Wertversprechen. Jedes Ökosystem sollte ein klares Wertversprechen haben, das alle seine Mitglieder motiviert, zu bleiben und zusammenzuarbeiten. Ob es sich nun um die Schaffung einer Plattform, eines Produkts oder einer Dienstleistung handelt, es sollte nicht nur dem Unternehmen, das es geschaffen hat, klaren Nutzen bringen, sondern auch seinen Partnern, Kunden und allen anderen Mitarbeitern, zum Beispiel durch den Zugang zu neuen Märkten, neuen Fähigkeiten oder neuartigen Möglichkeiten für gemeinsame Innovationen. Ein Wertversprechen hilft auch dabei, die richtigen Partner zu identifizieren, also diejenigen, die potenziell an der Lösung interessiert sind; es schafft ein Gefühl der Zielstrebigkeit, das eine informelle Gemeinschaft unterstützt und motiviert , in schwierigen Zeiten zu bleiben.

* Zusammenarbeit und Offenheit fördern. Von Menschen und Organisationen, die in Ökosystemen arbeiten, wird im Allgemeinen erwartet, dass sie die Vorteile der Zusammenarbeit nutzen können,

d. h. zusammenarbeiten, kommunizieren und Informationen und Ressourcen miteinander teilen. Die Förderung einer solchen Zusammenarbeit kann durch die Schaffung von Kommunikationsplattformen oder die Durchführung regelmäßiger Veranstaltungen oder Treffen unterstützt werden. Darüber hinaus sollten alle Ökosystemmitglieder die Möglichkeit haben, Einfluss darauf zu nehmen und es zu verbessern, und Unternehmen sollten sich bemühen, Feedback, Meinungen und Kooperationsanfragen zu fördern und anzunehmen.

* Investieren Sie in Technologie und Infrastruktur. Manchmal genügt eine passende Technologie oder ein geeigneter Prozess, damit ein Ökosystem funktioniert. Tools, Plattformen und Infrastruktur können die Zusammenarbeit erleichtern und Daten, die zwischen dem Unternehmen und seinen Partnern geteilt werden, effektiver nutzen. Beispielsweise können Cloud-Computing-Plattformen die Interaktion zwischen Partnern und Ihrem Service erleichtern, während APIs und Software Development Kits die Erstellung von Integrationen flexibler machen.

* Passen Sie das Ökosystem an. Die nützlichsten Ökosysteme sind wahrscheinlich diejenigen, die sich an neue Marktbedingungen, Technologien oder Kundenbedürfnisse anpassen können. Die Fähigkeit, Mängel zu erkennen und schnell zu beheben, beispielsweise durch die Aufnahme neuer Partner, die Einführung neuer Technologien und den Zugang zu neuen Märkten, kann dem Unternehmen dabei helfen, sicherzustellen, dass das Ökosystem auch in Zukunft nützlich bleibt.

* Schaffen Sie Anreize zur Teilnahme. Ökosysteme können nur dann nützlich sein, wenn Menschen an ihnen interessiert sind, und Anreize können dazu beitragen, dass die Menschen an der Partnerschaft interessiert bleiben. Das können finanzielle oder andere Belohnungen oder einfach neue Möglichkeiten zum Wachsen und Entdecken sein. Es ist wichtig, ein System zu schaffen, das für alle Beteiligten von Vorteil ist und ihnen Anreize zum Bleiben bietet.

* Beziehungen pflegen. Um ein Ökosystem erfolgreich zu entwickeln und aufrechtzuerhalten , muss ein Unternehmen aktiv mit seinen Partnern zusammenarbeiten, die Kommunikation

aufrechterhalten und sich mit auftretenden Problemen befassen. Es ist wichtig, zusammenzuarbeiten, um mögliche Spannungsquellen zu lösen und gemeinsam alle Erfolgsquellen zu feiern.

Unternehmen können die folgenden Strategien nutzen, um ein erfolgreiches Ökosystem aufzubauen, das langfristigen Erfolg und nachhaltiges Wachstum bringt. Gut entwickelte Ökosysteme können die Nutzung einer großen Anzahl unterschiedlicher Ressourcen und Fähigkeiten erleichtern und so Unternehmen bessere Möglichkeiten zur Innovation und Expansion bieten.

Kapitel 13 : Nachhaltigkeit und Kreislaufwirtschaftsmodelle

Die Kreislaufwirtschaft ist einer der modernen Trends in der Geschäftsentwicklung. Sie beinhaltet einen neuen Ansatz zur Nutzung von Ressourcen im Gegensatz zu einer linearen Wirtschaft mit dem Modell „Nehmen, Herstellen, Entsorgen". In einer Kreislaufwirtschaft werden Ressourcen kontinuierlich wiederverwendet und Abfall durch eine breitere Nutzung von Produkten minimiert. Diese Möglichkeit wird durch langlebige, wiederverwendbare, wiederaufbereitete und wiederverwertbare Produkte möglich. Durch die Umsetzung einer Kreislaufwirtschaft können Unternehmen Versorgungsrisiken vermeiden und die Abfallmenge sowie die Kosten der Abfallentsorgung reduzieren. Sie können auch neue Einnahmequellen durch Angebote wie „Produkt als Dienstleistung", Wiederaufbereitung und Recyclingdienste erschließen. Während Unternehmen durch die Umsetzung eines Kreislaufwirtschaftsmodells einen klaren Gewinn erzielen, bietet es einen deutlichen Wettbewerbsvorteil, indem es langfristige Kundenbeziehungen und Loyalität fördert. Der Ansatz erfüllt die Anforderungen von Kunden, die von modernen Marken nachhaltige Praktiken verlangen. Somit ist es eine Möglichkeit, das Unternehmensimage zu verbessern. Unternehmen, die Ressourcen effizienter nutzen, sind besser positioniert, um die Auswirkungen volatiler Ressourcenmärkte zu vermeiden und günstige Bedingungen für die Geschäftsentwicklung zu schaffen. Das Konzept einer Kreislaufwirtschaft selbst erfordert das Produktdesign . Unternehmen suchen nach alternativen Wegen in der Produktion und Logistik. So führt eine Möglichkeit zur Reduzierung des Ressourcenverbrauchs zu einer ständigen Neugestaltung von Produkten und Geschäftsmodellen. Auf diese Weise sind Unternehmen, die sich an einem Kreislaufmodell orientieren, gezwungen, mehr Innovationen hervorzubringen, die die Effektivität des Prozesses und die Produktqualität steigern.

Wie Nachhaltigkeit in Geschäftsmodelle integriert werden kann

Der Prozess der Integration von Nachhaltigkeit in Geschäftsmodelle erfordert mehr als die Übernahme einer beliebigen Anzahl umweltfreundlicher Praktiken. Es handelt sich um eine vollständige Reform der Art und Weise, wie Wert geschaffen, geliefert und erfasst wird, sodass der Erfolg des Unternehmens mit umweltfreundlichen Praktiken einhergeht. Der wichtigste Ansatz zur Integration von Nachhaltigkeit besteht darin, verantwortungsvolle Praktiken in jeden Aspekt der Wertschöpfungskette zu „verschweißen", von der Produktgestaltung und -herstellung bis zum Ende der Produktlebensdauer. Für die Integration von Nachhaltigkeit ist es entscheidend, eine Idee zu entwickeln, die die unmittelbaren und endgültigen Bedürfnisse während der Lebensdauer eines Produkts berücksichtigt. Dies kann durch die Verwendung von Materialien erleichtert werden, die entweder vollständig biologisch abbaubar oder recycelbar sind. Wenn es beispielsweise um Recycling geht, haben Glas und Metalle keine „Downcycling"-Probleme und sind daher aus dieser Perspektive perfekt geeignet. Darüber hinaus ist es wichtig zu bedenken, dass leichte Produkte aus weniger umweltschädlichen Materialien bei der Herstellung von „Ersatz"-Waren weniger Ressourcen verbrauchen. Solche Designentscheidungen können recht kosteneffizient sein, da mehr Materialien wiederverwendet werden und weniger enorme Ressourcen für die Herstellung eines Produkts aufgewendet werden müssen.

Ein weiterer Ansatz zur Integration von Nachhaltigkeit ist die Anwendung auf das Lieferkettenmanagement. Bei der Herstellung von Produkten können Unternehmen ermutigt werden, mit Lieferanten zusammenzuarbeiten, die sich in ähnlicher Weise der Herstellung nachhaltiger Produkte verschrieben haben. Solche Standards können dann auf die Auswahl der Rohstoffe angewendet werden, die auf eine Weise abgebaut oder produziert werden sollten, die die Arbeitsbedingungen der Menschen und ihrer Gemeinschaft respektiert. Die Anwendung energieeffizienter Verfahren und damit die Reduzierung der beim Transport oder der Herstellung entstehenden Emissionen wird auch sicherstellen, dass Unternehmen die Grundsätze der Herstellung nachhaltiger Güter einhalten und gleichzeitig die Betriebseffizienz fördern. Ein anderer Ansatz für dieses Problem ist die Entwicklung zirkulärer Geschäftsmodelle, die nur durch die Kreativität der Innovatoren begrenzt sind. Beispielsweise könnten Produkte als „Produkt als Dienstleistung" oder über Abonnementdienste vermarktet werden. Im ersten Fall behält das Unternehmen das Eigentum an dem Produkt, vermietet es aber nur „vorübergehend" an den Kunden, der von seinem Service profitiert, während das Produkt in gutem Zustand ist. Wenn es nicht mehr funktioniert oder nicht mehr funktioniert, gibt der Kunde es an das Unternehmen zurück, das sein Produkt dann warten lässt und an andere Kunden verkauft. Alle Ansätze werden ergänzt durch die Pflege einer umweltfreundlichen Unternehmenskultur, die sich in einer unternehmensweiten Initiative zur Förderung des Recyclings, der Förderung der weit verbreiteten Nutzung erneuerbarer Ressourcen usw. manifestieren kann. Die meisten erfolgreichen Unternehmen stellen sicher, dass ihre Dokumente und damit die gesamten Praktiken der Organisation so geführt werden, dass die Menge an Ausrüstung und damit die Kosten für Outsourcing minimiert werden. Um einer Belegschaft eine Reihe von Richtlinien zur Gewährleistung dieser Ziele vorzulegen, muss ein Element der Leistungsmessung vorhanden sein , d. h. Unternehmen, die sich der Umweltverantwortung verpflichtet fühlen, haben messbare Ziele für ihre Lieferanten festgelegt. Entweder durch die Verwendung von Leistungskennzahlen oder geltenden internationalen Standards muss der Fortschritt des Unternehmens seinen Stakeholdern , von Kunden bis zu Aktionären, mitgeteilt werden.

Fallstudien von Unternehmen wie IKEA, Tesla und Loop

Heutzutage sind eine Reihe von Best-Practice-Unternehmen zu Pionieren bei der Integration der Prinzipien der Kreislaufwirtschaft in ihre Geschäftsmodelle geworden und zeigen damit, dass Nachhaltigkeit und Rentabilität im Einklang stehen können. Zu diesen Unternehmen gehören IKEA, Tesla und Loop, die eine Reihe von Kreislaufstrategien eingeführt haben, um Abfall zu reduzieren, die Lebenszyklen von Produkten zu verlängern und zu einer nachhaltigeren Zukunft beizutragen. IKEA, ein bekannter Möbeleinzelhandelsriese, scheint ein anschauliches Beispiel für ein

Unternehmen zu sein, das sich an die Prinzipien der Kreislaufwirtschaft und Nachhaltigkeit hält. Um den ökologischen Fußabdruck seiner Geschäftstätigkeit zu verringern, verpflichtet sich IKEA, bis 2030 für alle Produkte ausschließlich erneuerbare und recycelte Materialien zu verwenden. Darüber hinaus appelliert das Unternehmen im Einklang mit der Kreislaufstrategie an die Kunden, gebrauchte Möbel zurückzugeben, die recycelt oder weiterverkauft werden können. IKEA stellt auch Möbel her , die leicht zu zerlegen oder zu reparieren sind, wodurch es den Kunden ermöglicht wird, die Lebensdauer der gekauften Waren zu verlängern. Um dem wachsenden Interesse der Kunden an nachhaltigem Einkaufen gerecht zu werden, hat IKEA schließlich Möbelleasing- und Rücknahmeprogramme eingeführt, um so die Abfallmenge und den Ressourcenverbrauch zu verringern. Ein weiteres Beispiel für die Einhaltung der Grundsätze der Nachhaltigkeit ist Tesla, einer der weltweit führenden Hersteller und Entwickler von Elektroautos. Das Geschäftsmodell von Tesla konzentriert sich auf die Nutzung nachhaltiger Energie und damit auf die Reduzierung der Kohlenstoffemissionen. Gleichzeitig erleichtert dieser Ansatz den Recyclingprozess von Elektrobatterien, wodurch Materialien wie Lithium, Kobalt und Nickel zurückgewonnen werden können. Auf lange Sicht optimiert dieses geschlossene System der Materialnutzung die Batterieproduktion und reduziert den Bedarf an Rohstoffabbau. Schließlich sorgt Loop, ein junges innovatives Unternehmen im Bereich der Beseitigung von Verpackungsmüll, für wiederverwendbare Behälter mit Alltagsgegenständen. Die Kunden kaufen die Produkte und lassen sich die Behälter liefern, während sie nach der Verwendung der Gegenstände die Behälter zurückgeben. Diese werden dann gewaschen und neu befüllt, sodass sie wieder auf den Markt gebracht werden können . Das Kreislaufmodell ermöglicht die Reduzierung der Verwendung von Einzelverpackungen und die Entwicklung eines nachhaltigeren Konsummusters. Loop hat bereits Partnerschaften mit einer Reihe von Best-Practice-Marken wie Procter & Gamble, Unilever und Nestlé geschlossen und das Modell in einer Reihe von Ländern umgesetzt. So sind IKEA, Tesla und Loop zu Best-Practice-Beispielen für Unternehmen geworden, die Nachhaltigkeitspraktiken in ihre Geschäftsmodelle integrieren, und ihre Erfahrungen können künftigen Unternehmern eine Reihe wertvoller Erkenntnisse bieten.

Schritte für Unternehmer zum Aufbau nachhaltiger und zirkulärer Geschäftsmodelle

Unternehmer, die an der Entwicklung nachhaltiger und kreislauforientierter Unternehmen interessiert sind, sollten ihre Bemühungen auf diese Bereiche konzentrieren, indem sie versuchen, mit ihren Unternehmungen langfristigen Wert zu schaffen und gleichzeitig mögliche Auswirkungen auf die Umwelt zu minimieren. Der folgende Schritt-für-Schritt-Plan soll Unternehmern bei einem solchen Vorhaben helfen.

1. Beginnen Sie mit nachhaltigem Design. Einer der wichtigsten ersten Schritte ist mit der Idee verbunden, ein Produkt oder eine Dienstleistung zu schaffen, für deren erfolgreiche Umsetzung deutlich weniger Materialien benötigt werden. Die Nutzung natürlicher Ressourcen und der Versuch, das Produkt so zu gestalten, dass es im schlimmsten Fall ausgemustert werden kann, sollten die ersten Maßnahmen sein, die im Auge behalten werden müssen. Unternehmer müssen bedenken, dass sie bereits in dieser frühen Phase des Zyklus an das Ende desselben Zyklus denken sollten.

2. Machen Sie sich die Denkweise der Kreislaufwirtschaft zu eigen. Entwickeln Sie ein Geschäftsmodell, das sich von den meisten derzeit beobachteten Varianten desselben Konzepts unterscheidet. In einem Kreislaufwirtschaftsmodell verkaufen Unternehmer Produkte, die unter Verwendung von Materialien hergestellt wurden, die dem Kunden in der Vergangenheit abgenommen wurden. Unternehmen verkaufen keine Produkte, sondern Werte durch verschiedene Dienstleistungen. Die besten Beispiele für die oben genannten Modelle sind jene, die vom Unternehmer implementierte Product-as-a-Service- oder Rücknahmesysteme betreffen.

3. Arbeiten Sie mit nachhaltigen Partnern zusammen. Partner und Lieferanten spielen in jeder Branche eine wichtige Rolle. Wenn Unternehmer ein umweltfreundliches Geschäftsmodell entwickeln möchten , müssen sie mit Lieferanten , Herstellern und Händlern zusammenarbeiten, die genauso denken. Unternehmer müssen umweltfreundliche Materialien und Vorräte beschaffen, sodass die

gesamte Lieferkette Teil des geschaffenen nachhaltigen Geschäfts sein sollte.

4. Effizient, aber umweltfreundlich. Jeder Unternehmer möchte, dass sein Unternehmen erfolgreich ist. Deshalb sollten sie die Emissionen und Abfälle ihres Unternehmens reduzieren. Durch die Installation von Solardächern können Unternehmer Energieverschwendung reduzieren. Gleichzeitig hilft moderne Technologie dabei, eine effiziente Logistik zu schaffen. Einblicke in die oben genannten Maßnahmen würden Unternehmern im Geschäft und bei jeder anderen Art von Tätigkeit, die durchgeführt wird, helfen.

5. Kunden informieren und mobilisieren. Ein weiterer wichtiger Aspekt eines wirklich zirkulären Geschäftsmodells ist der Kunde. Viel zu viele Kunden ignorieren immer noch Umweltbelange, und infolgedessen können Unternehmen kaum die notwendigen Werte entwickeln. Indem sie ein zirkuläres Unternehmen aufbauen und verschiedene Maßnahmen umsetzen, sollten Unternehmer ihre Kunden auch über die Vorteile des Produkts/der Dienstleistung informieren, die sie entwickelt haben, und sie dazu ermutigen, sich an Produktänderungen zu beteiligen, z. B. indem sie ein fehlerhaftes Produkt zurücknehmen oder ein Produkt von Vertretern desselben Unternehmens mieten.

6. Messen und kommunizieren Sie Ihre Bemühungen. Unternehmer, wie auch alle anderen, müssen in ihren Handlungen transparent sein. Sie sollten wissen, dass all ihre Bemühungen nicht umsonst waren, wenn sie zeigen können, wie gut sie abgeschnitten haben und wie viele Wipes sie geschafft haben. Kunden und Investoren müssen gleichermaßen die Ergebnisse der letzteren kennen und es sollten zuvor festgelegte Ziele gewesen sein. Indem sie die Schritte befolgen und Technologien nutzen, können Unternehmer ihren Beitrag zur Umwelt teilen, der Teil des Markenkredits wird.

7. Bleiben Sie innovativ. Das Geschäft ist ein unbeständiger Bereich. Was vor ein paar Jahren gut war, reicht möglicherweise schon nicht mehr aus, um Erfolg zu haben . Unternehmer müssen immer nach innovativen Ideen, Geräten, Werkzeugen und Methoden im Zusammenhang mit energieeffizienten Technologien oder nachhaltigen Initiativen Ausschau halten. Auf diese Weise

können sie in einer Zeit, in der sich solche Informationen schnell ändern, auf dem neuesten Stand bleiben .

Letztendlich sollten die Menschen immer wissen, dass sie das nachhaltigste Unternehmen der Welt aufbauen können , aber es kann trotzdem scheitern, ohne Rücksicht auf irgendetwas. Um erfolgreich zu sein, muss die Quelle oder Dienstleistung nützlich sein, und mit nützlich assoziieren die Menschen zunächst normalerweise billig oder von guter Qualität. Indem sie die Schritte und gegebenen Erkenntnisse befolgen, können Unternehmer ein Unternehmen aufbauen, das erfolgreich ist und die Erde ebenso respektiert wie die Kunden. Sie werden auch immer mehr Interesse wecken können, da die Zahl solcher Unternehmen in der modernen Welt zunimmt.

Kapitel 14 : Die Rolle der Unternehmenskultur bei der Geschäftsmodellinnovation

Unternehmenskultur ist die Gesamtheit informeller Regeln und Überzeugungen, die zum Betrieb eines Unternehmens beitragen. Kultur kann sowohl für das Unternehmen förderlich als auch innovationshemmend sein. Kultur hat großen Einfluss auf Unternehmen; sie definiert die Art und Weise, wie sich Mitarbeiter verhalten und wie sie miteinander umgehen. Außerdem ist sie der Schlüssel zur Entwicklung von Ideen und zur Förderung von Innovationen.

Der grundlegende Unterschied zwischen beiden besteht darin, dass eine innovationsfördernde Kultur sich auf die Förderung neuer Ideen konzentriert und das Testen neuer Dinge zur Verbesserung der Effizienz unterstützt . Eine hemmende Kultur hingegen erzwingt regelmäßige und routinemäßige Praktiken und behindert Innovationen, indem sie Innovationen entmutigt und nur vorhandene Ideen verwendet, um die Risikobereitschaft zu begrenzen, während sie gleichzeitig Routinepraktiken fördert, Misserfolge diszipliniert und Leistungsbeurteilungen nutzt, um die Belohnung von Kreativität zu begrenzen. Eine innovationsfördernde Kultur ist ein wertvolles Instrument, das dabei hilft, den kreativen Prozess und die im Unternehmen implementierten Anreize zu teilen. Innovation zu fördern bedeutet, eine Reihe von Regeln und Möglichkeiten zu schaffen, um Kreativität zu belohnen.

Meiner Meinung nach ist ein kulturförderndes Innovationsmailing mit einigen Aspekten verbunden , darunter das Fehlen einer Bestrafung für das Teilen von Ideen, die Nutzung von Mechanismen zum Einholen von Feedback sowie Belohnungs- und Anerkennungsmethoden. Am einflussreichsten sind Belohnung und Anerkennung für Kreativität durch eine Reihe innovativer Ideen und Beiträge zum Gesamterfolg des Unternehmens. Die Belohnung sollte aus zusätzlicher finanzieller Unterstützung und Karriereförderung, Leistungsbeurteilung und Beiträgen zum Innovationsprozess bestehen. Zusammenfassend lässt sich sagen, dass die Unternehmenskultur im Bereich der Innovation eine wichtige Rolle spielt und die Implementierung von Mechanismen zur Förderung der Kultur von wesentlicher Bedeutung ist.

Entwicklung einer Kultur, die Risiken akzeptiert und Kreativität fördert

Eine Unternehmenskultur innovativ zu gestalten, ist keine Ein-Mann-Aufgabe. Dafür muss das Unternehmen die Neigung, Mitarbeiter zu besitzen, unterdrücken und stattdessen kreative und manchmal riskante Unternehmungen fördern. Es wird sofort offensichtlich, dass eine kohärente „Innovationskultur" nicht entstehen kann, wenn ein Unternehmen befürchtet , die Mitarbeiter letztlich an die Konkurrenz zu verlieren. Diese Art von Arbeit ist von Natur aus volatil und erfordert eine dynamische Organisation mit entsprechenden Einstellungen zur Mitarbeiterleistung. Ein Scheitern ist der bedeutsamste Meilenstein, den ein Unternehmen erreichen kann, gerade weil es eine Innovationskultur hat, die seinen Mitarbeitern einige Freiheiten lässt.

seinen Mitarbeitern eine frei denkende und marktbezogene Ausbildung vermitteln . Die heutige Geschäftswelt verändert sich so schnell, dass das, was ein Einzelner vor fünf Jahren an einer Universität gelernt hat, bereits überholt ist. Darüber hinaus sind Google und die Westküste dafür bekannt, schrullige „Spezialisten" mit spezifischen Kenntnissen in dem Bereich einzustellen, für den sie sie einstellen. Das Ergebnis ist, dass die Mitarbeiter eine Reihe von Persönlichkeitsmerkmalen erwerben sollten, die eine „Wachstumsmentalität" ausmachen, die durch Schulungen erreicht werden würde. Eine feste Mentalität geht davon aus, dass Talente eine Selbstverständlichkeit sind, während eine Wachstumsmentalität voraussetzt, dass sie erlernt werden müssen. Ein Unternehmen , das eine Wachstumsmentalität entwickelt, sollte Herausforderungen als Entwicklungsmöglichkeiten und nicht als Bedrohungen betrachten. Dies erklärt, dass eine unbestreitbare Tatsache der heutigen Ingenieurswelt ist, dass jede Entdeckung zu 80–90 % ein Misserfolg ist . Wie viele Unternehmen wären bereit, 80–90 % ihres Gehalts oder ihrer Boni zu akzeptieren? Auch fühlt sich ein Misserfolg nicht gut an, aber man kann ihn verkraften, weil man versteht, dass er nur ein Teil des Prozesses ist. Einer der Bereiche, in denen am ehesten Verbesserungen möglich sind, ist die Gruppenarbeit. Ihre Effizienz wird durch Kommunikation und Datenkompatibilität positiv beeinflusst. Die innovativsten Unternehmen stellen sicher, dass alle Informationen, die innerhalb des Unternehmens vorhanden sind, tatsächlich frei zirkulieren . Zufälligkeit scheint ein unüberwindbares Hindernis bei der Umsetzung einer solchen Lösung zu sein. Das ist nicht immer der Fall, denn manchmal ist sie so eindeutig und einfach umzusetzen, dass Ihre Mitarbeiter die ersten sind, die sie vorschlagen. Dafür muss man ihnen die Kommunikation ermöglichen, und zwar auf eine Art und Weise, die es den ungewöhnlichen Mitarbeitern ermöglicht, anders mit den ungewöhnlichen Mitarbeitern zu kommunizieren. Daher ist es logisch, dass Innovation erfordert, einen Teil der Kontrolle über die Mitarbeiter abzugeben, indem man sie in eine Kultur einführt, die freie Kommunikation und gegenseitige Unterstützung ermöglicht. Darüber hinaus müssen die Mitarbeiter ein Trainingsset der Persönlichkeitsmerkmale erwerben , die eine „Wachstumsmentalität" ausmachen. Schließlich muss ein Unternehmen eine Kultur fördern, in der Scheitern erlaubt und sogar erwünscht ist.

In einem Unternehmen mit Innovationskultur eine Führungskraft zu sein, bedeutet, einen Teil der eigenen Bedeutung zu verlieren. Wenn eine Führungskraft jedoch tatsächlich mehr Bereitschaft zeigt, sich als überflüssig und dumm zu erweisen als ihre Mitarbeiter, ohne dabei ihre Begeisterung zu verlieren, könnte sie den entscheidenden Schritt in Richtung des Status einer Führungskraft in Erwägung ziehen. Die Mitarbeiter werden nur dann auf die Idee kommen, eine originelle, gut durchdachte und innovative Maßnahme zu ergreifen, wenn diese eine gewisse Arbeitsmoral aufweist. Wenn eine Führungskraft Misserfolge zulässt und diejenigen unterstützt, die das Schicksal um sie herum herausfordern, und ihre Bemühungen belohnt, selbst dann zu scheitern, wenn sie weiß, dass sie versagt haben, werden die Mitarbeiter sie normalerweise zu etwas wirklich Außergewöhnlichem **einladen** !

Fallstudien von Unternehmen wie Google, 3M und Zappos

Es ist allgemein bekannt, dass es viele Unternehmen gibt, die für ihre Innovationskultur bekannt geworden sind. Viele von ihnen haben in ihrem Geschäft großen Erfolg erzielt , und deshalb kann man von ihnen viele wertvolle Lektionen lernen. Es gibt Beispiele von Unternehmen, die zunächst erfolglos waren, dann aber durch eine Änderung ihrer Innovationsstrategie Erfolg hatten. Google, Zappos und 3M sind Beispiele für Unternehmen, deren innovative Unternehmenskultur zum Erfolg geführt und zur Schaffung der profitabelsten Marke der Welt beigetragen hat.

Eine der bekanntesten Regeln von Google ist die 20-%-Zeit. Nach dieser Regel erlaubt ein Unternehmen seinen Mitarbeitern, 20 % ihrer Arbeitswoche mit Projekten zu verbringen, die nicht direkt mit ihren Arbeitsaufgaben zusammenhängen. Wahrscheinlich hat diese Richtlinie einige der erfolgreichsten Produkte von Google hervorgebracht. Während dieser 20 % Freizeit wurden einige der Top-Produkte entwickelt, wie beispielsweise Gmail und Google News. Ein weiteres erstaunliches Merkmal der Innovationskultur von Google ist die Kultur des Experimentierens. Darüber hinaus neigen die Leute bei Google dazu, ihre Schlussfolgerungen und Entscheidungen auf Daten zu stützen. Darüber hinaus hat es fast keinen Wert, darauf zu warten, dass jemand ein Risiko eingeht, da das Experiment nur ein Teil des Prozesses ist. Ein weiteres wichtiges Detail ist, dass die Innovationskultur von Google insbesondere darauf basiert, die Mitarbeiter zu ermutigen, „Was wäre wenn"-Fragen zu stellen.

Die Innovationskultur von 3M ist wahrscheinlich die gleiche wie die von Google, denn sie haben eine Richtlinie, die als 15-Prozent-Regel bezeichnet wird. 3M erlaubt seinen Mitarbeitern, 15 Prozent ihrer Zeit mit dem zu verbringen, was sie tun möchten. Darüber hinaus gibt es eine weitere Regel: Lassen Sie sich nicht in Schwierigkeiten bringen, sonst werden sie nie etwas entdecken. Generell zeigt die Innovationskultur von 3M , dass es bei der Entwicklung eines Prozesses in einem Unternehmen wichtiger ist, niemals zu versuchen, einen Fehler zu machen. Es ist wichtig, einen Prozess in einer sicheren Umgebung zu starten und niemals Angst vor Fehlern zu haben . Es ist wichtig, den Führungskräften im Unternehmen dies klarzumachen, denn wenn sie möchten, dass ihre Mitarbeiter großartige Produkte entwickeln, müssen sie ihnen erlauben, keine Angst vor Fehlern zu haben. Denn als Ergebnis werden sie dafür bezahlen, nur ein Post-it zu haben, anstatt Tausende nutzloser Produkte. Für ein Unternehmen ist es wichtig , innovativ zu sein, damit die Mitarbeiter an ihren Erfolg glauben und all ihre Initiativen unterstützen. Sie müssen im Unternehmen unterstützt und mit allen Ressourcen ausgestattet werden, die sie benötigen. Sie sollten immer die Anzahl der Erfolge und Errungenschaften berücksichtigen , die ihnen wie allen anderen Experimenten und Versuchen zugute kommen.

Zappos hat es geschafft, eine innovative Unternehmenskultur zu kultivieren, indem es sich auf die Interessen und das Glück der Mitarbeiter konzentriert. Ein weiteres wichtiges Merkmal ist, dass sie eine Organisationskultur aufgebaut haben. Sie versuchen, dasselbe in Bezug auf den Arbeitsprozess zu tun, damit die Mitarbeiter die Initiative ergreifen und ohne Eile Entscheidungen treffen können. Darüber hinaus bedeuten die Hauptwerte des Unternehmens wie „Sei ein bisschen verrückt" oder „Gehe eine Chance", dass die Mitarbeiter ihre Mitarbeiter ermutigen, produktiv zu denken, und weder die Mitarbeiter des Unternehmens noch die Kleiderordnung oder Kreativität beeinträchtigen. Infolgedessen ist Zappos nicht nur zu einer großartigen Marke geworden, die es geschafft hat, eine sehr starke Position auf dem Markt zu erreichen. Das Beispiel des Unternehmens zeigt , dass ein Unternehmen, wenn es wirklich in seine Organisationskultur investiert, von Innovationen und anderen Vorteilen profitieren wird.

Praktische Strategien zur Förderung einer Innovationskultur

Es gibt eine Reihe praktischer Strategien, die Unternehmen, die eine Innovationskultur aufbauen möchten, nutzen können, um diesen Prozess zu starten. Der erste Schritt besteht darin, sich auf die Rolle der Führung zu konzentrieren, was bedeutet, dass die Führungskräfte die Bedeutung von Innovation als organisatorischen Wert aktiv kommunizieren müssen. Daher müssen Führungskräfte konsequent die Botschaft vermitteln, dass das Unternehmen ohne Innovationsfähigkeit keinen Erfolg haben wird. Zweitens sollten sich Unternehmen auch darauf konzentrieren, ihren Mitarbeitern die Werkzeuge und die Infrastruktur für Innovationen bereitzustellen, was das Anbieten von Workshops zur kreativen Problemlösung, die Investition in Tools für die interne Zusammenarbeit oder, wie diese empirischen Unternehmen, die Einrichtung separater Innovationslabore umfassen kann. Wie die Beispiele von Google und 3M zeigen, kann die Praxis, Mitarbeitern die Erkundung von Projekten über ihre täglichen Aufgaben hinaus zu ermöglichen, zu Durchbrüchen bei neuen Möglichkeiten führen. Die Anerkennung und Belohnung innovativer Bemühungen ist nicht weniger wichtig, da sich die Mitarbeiter für ihre Arbeit geschätzt fühlen und erkennen sollten, dass die Anstrengungen und Risiken, die sie eingehen, als wichtig angesehen werden. Praktiken wie das Anbieten von Prämien für erfolgreiche Innovationen, wie es QuickTrip vorführt , können verwendet werden, obwohl von Unternehmen auch erwartet wird, aus Fehlern zu lernen und Mitarbeiter nicht für erfolglose Ideen zu bestrafen. Schließlich könnten eine Reihe von Praktiken eingesetzt werden, um die Entwicklung einer Kultur zu unterstützen, in der Mitarbeiter unabhängig von ihrer Position zur Zusammenarbeit ermutigt und befähigt werden. Insbesondere könnten Unternehmen regelmäßige Brainstorming-Sitzungen, Hackathons oder Innovationswettbewerbe veranstalten, bei denen verschiedene Mitarbeiter zusammenkommen und versuchen können, kreative Lösungen anzubieten und zu entwickeln. Es ist auch wichtig, Kommunikation als organisatorischen Wert zu priorisieren, damit sich die einzelnen Mitarbeiter wohl fühlen, wenn sie ihre Gedanken, Bedenken und Vorschläge mitteilen. Man könnte argumentieren, dass, um erfolgreich zu sein, zeitnahe und klare Kommunikation kultiviert und Teil solcher sich entwickelnden kulturellen Kontexte wie verbaler, diskursiver Besitz und physischer Moral werden sollte.

Kapitel 15 : Die Zukunft voraussehen: Geschäftsmodelle im Jahr 2030

Das Tempo, mit dem sich das Geschäftsumfeld verändert, ist aufgrund des technologischen Fortschritts und des veränderten Verbraucherverhaltens beispiellos. Obwohl wir uns mitten im digitalen Zeitalter befinden, ist es daher ziemlich offensichtlich, dass zukünftige Trends und Umbrüche in verschiedenen Branchen unvermeidlich sind. Es besteht kein Zweifel, dass solche Umbrüche sowohl Vorteile als auch Nachteile mit sich bringen werden. Entscheidend ist jedoch, dass diese Umbrüche Veränderungen in allen Branchen erzwingen werden, was bedeutet, dass die meisten, wenn nicht alle Unternehmen, ihre tägliche Arbeit überdenken müssen. Daher sind KI und Automatisierung der bedeutendste Trend, der die Art und Weise, wie Unternehmen ihre Aktivitäten durchführen, verändern wird. Überall werden maschinelles Lernen, prädiktive Analysen, robotergestützte Prozessautomatisierung und andere ähnliche Wissenschaften der künstlichen Intelligenz Auswirkungen auf Branchen wie das Gesundheitswesen, das Finanzwesen, den Einzelhandel und die Fertigung haben. Infolge dieser Veränderungen werden die Prozesse in diesen Branchen rationalisierter, effizienter und persönlicher in der Art und Weise, wie sie ihre Aktivitäten durchführen. Tatsächlich bringen diese Veränderungen Umbrüche durch KI-gesteuerte Maschinen mit sich, die Aufgaben ausführen werden, die zuvor nur von Menschen erledigt werden konnten.

Darüber hinaus werden sich andere Trends wahrscheinlich fortsetzen, da sie bereits begonnen haben, Organisationen und ihre Arbeitsweise zu verändern. Ein solcher Trend ist die Reduzierung der Büropräsenz durch virtuelle Teamtechnologien. Wie es früher üblich war, haben immer mehr Unternehmen begonnen, ein hybrides Büro-Setup einzuführen, bei dem die Mitarbeiter entweder im Büro oder in der Sicherheit ihres Zuhauses arbeiten können. Aufgrund der Fernarbeit finden bereits Veränderungen statt, und da Büroflächen eine geringere Priorität haben, werden sich die Unternehmensstrategien und -modalitäten ändern. In gleicher Weise werden sich die Branchenkultur und die Einstellung neuer Mitarbeiter ändern, da sich die Unternehmen darauf einstellen, stärker als bisher aus der Ferne zu arbeiten. Schließlich werden diese Trends mit dem bedeutenden Trend der Nachhaltigkeit zusammenfallen, und Unternehmen, die keine praktikablen Nachhaltigkeitsmodelle, einschließlich des Modells der Kreislaufwirtschaft, übernehmen, werden mit zunehmenden Störungen konfrontiert sein, da ihre Produkte oder Dienstleistungen sowohl bei Verbrauchern als auch bei Investoren unbeliebt werden. Schließlich ist auch die Dezentralisierung von Branchen eine weitere wahrscheinliche Störungsquelle, da die allgemeine Wirtschaft weiterhin zu einer digitalen Wirtschaft übergeht, wobei DeFi, Kryptowährungen und Blockchain-Technologien die Führung übernehmen.

Die Rolle neuer Technologien wie Quantencomputing und Metaverse

Zwei der neuen Technologien, die dazu beitragen können, Branchen komplett umzukrempeln, sind Quantencomputing und das Metaverse. Obwohl sich beide noch in einem sehr frühen Entwicklungsstadium befinden, können die potenziellen Vorteile, die sie bieten, in wenigen Jahren zu neuen Geschäfts- und Marktchancen führen. Quantencomputing kann Probleme lösen, die klassische Computer überfordern, und zwar in einer Geschwindigkeit, die noch nie zuvor erreicht wurde . Die Anzahl der Anwendungen, die von einer solchen Technologie profitieren können, ist praktisch endlos. Sie kann die Arbeitsweise einiger Branchen komplett verändern und viele Möglichkeiten eröffnen, die derzeit nicht umsetzbar sind. Die verschiedenen Geschäftsbereiche, die auf riesige Datenmengen angewiesen sind, wie das Gesundheitswesen, die Energiebranche, die Logistik und die Finanzbranche, können durch Quantencomputing revolutioniert werden. Beispielsweise können Pharmaunternehmen die Technologie nutzen, um molekulare Interaktionen einfacher zu modellieren und die Entdeckung neuer Medikamente zu beschleunigen. Logistikunternehmen können ihre Lieferketten viel effizienter gestalten, indem sie mehrere Optimierungsprobleme gleichzeitig lösen, die vor dem Quantencomputing unmöglich waren. Auch die Finanzbranche kann von der Fähigkeit des Quantencomputings profitieren, riesige Datenmengen schnell zu analysieren, um Veränderungen der Markttrends vorherzusagen und Risikomanagementstrategien zu planen.

Das Metaversum ist ein digitaler Raum, auf den Menschen als Erweiterung und Verbesserung ihrer Realität zugreifen können, indem sie Augmented Reality, Virtual Reality und digitale Räume nutzen. Menschen können mit und untereinander und mit den im Metaversum vorhandenen Entitäten interagieren. Es kann für viele neue Anwendungen genutzt werden, die bisher noch nicht entwickelt wurden. Einige Unternehmen erkunden es bereits als neuen Raum, in dem verschiedene Produkte und Dienstleistungen vermarktet, gekauft und verkauft werden können. Beispielsweise können Einzelhändler virtuelle Einkaufszentren erstellen, in denen Kunden 3D-Modelle von Artikeln sehen und sehen können, wie sie von allen Seiten aussehen. Die Technologie- und Informationsbranche kann es für Unterhaltungs- und Bildungszwecke nutzen, beispielsweise für interaktive virtuelle Realitätstouren durch wichtige historische Sehenswürdigkeiten. Das Metaversum wird bereits auf verschiedene Weise genutzt und kann genutzt werden, um Vorteile in Bezug auf Kundenbeziehungen und Marketingstrategien zu erzielen. Unternehmen, die in der Lage sind, diesen Wandel zu erkennen und neue Ansätze in Bezug auf seine Nutzung zu entwickeln, können in Zukunft stark davon profitieren. Natürlich stellen sowohl das Quantencomputing als auch das Metaversum viele technische Herausforderungen dar und können schwierig zu entwickeln sein. Sie bringen auch ihre eigenen Management-, ethischen und rechtlichen Probleme mit sich. Es ist wahrscheinlich, dass einige Datentypen nur dann quantencomputertauglich genutzt werden können, wenn die Datensicherheit von Quantencomputern deutlich verbessert wird. Das Metaversum kann auch stark von Software- und Hardwaretechnologien abhängig sein, deren Entwicklung aus wirtschaftlichen und anderen Gründen behindert wird. Unternehmen, die diese Herausforderungen richtig angehen und planen können, werden wahrscheinlich die Vorreiter dieser wichtigen neuen Technologien sein.

Vorbereitung auf die Zukunft: So bleiben Sie anpassungsfähig und zukunftsorientiert

In einer sich rasch verändernden Welt, in der neue Technologien und Transformationen die Regeln diktieren und Branchen umgestalten, müssen Unternehmen in der Lage sein, sich an neue Bedingungen anzupassen. Daher ist die Vorbereitung eines Unternehmens auf die Zukunft eng mit der Bereitschaft und der Fähigkeit verbunden, Veränderungen durch die Förderung einer vorausschauenden Denkweise vorherzusehen. Die wichtigsten Schritte auf diesem Weg sind die Entwicklung einer Kultur des kontinuierlichen Lernens und die unternehmensweite Akzeptanz neuer Trends.

Zunächst ist es wichtig zu beachten, dass einer der notwendigen Schritte für ein zukunftssicheres Unternehmen darin besteht, eine Kultur des kontinuierlichen Lernens zu schaffen und zu entwickeln. Während sich ein zukunftsfähiges Unternehmen auf das Wachstum und die Entwicklung der Mitarbeiter konzentrieren sollte, die sich der neuesten Konzepte und Fortschritte bewusst werden und bereit sein müssen, neue Technologien und Praktiken zu beherrschen, sollten Führungskräfte auf der gleichen Ebene geschult und für Veränderungen bereit sein. Daher ist die kontinuierliche Schulung und Ausbildung von Mitarbeitern und Führungskräften ein notwendiger Schritt für Unternehmen.

Ein weiterer Aspekt der Zukunftssicherheit ist der Fokus auf Mitarbeiter, die bereit und willens sind, Veränderungen und Innovationen zu bewirken. Wie man sieht, ist Stillstand in der heutigen Zeit des schnellen Wandels gleichbedeutend mit einem Rückschritt gegenüber anderen Unternehmen. Die Fähigkeit und der Eifer zum Experimentieren und Innovieren sollten im gesamten Unternehmen gefördert und praktiziert werden. So kann beispielsweise die Teilnahme an einem Belohnungssystem für den Austausch neuer Ideen zu einem wesentlichen Merkmal zur Förderung von Innovationen werden. Darüber hinaus sollte Intrapreneurship ein wichtiger Teil der Arbeit des Unternehmens werden, indem im gesamten Unternehmen eine Startup-Atmosphäre geschaffen und die Möglichkeit gefördert wird, Risiken einzugehen. So wichtig die Fähigkeit zur Anpassung und zum Experimentieren ist, so wichtig ist es, bereit zu sein, neue Technologien zu nutzen und zu integrieren. So könnte beispielsweise die Implementierung und Nutzung von KI-, Blockchain- oder IoT-Geräten heute möglicherweise die Arbeitsweise eines Unternehmens und die Anzahl der potenziellen Kunden verändern, die es erreichen kann.

Abschließend sei noch die Szenarioplanung als Methode erwähnt, um für die Zukunft gerüstet zu sein. Diese Methode zeichnet sich dadurch aus, dass Unternehmen mehrere mögliche Ergebnisse vorab bestimmen können, indem sie Szenarien im Voraus definieren und festlegen, wie sie darauf reagieren werden. So bleiben Sie konzentrierter und können mögliche Bedrohungen frühzeitig erkennen und einen Reaktionsplan erstellen . Angesichts der Anzahl der Möglichkeiten und der Geschwindigkeit, mit der sich Technologien entwickeln, kann die Verwendung der Szenarioplanung daher in vielen Fällen sinnvoll sein.

Ermutigung für Unternehmer zum Experimentieren, Iterieren und Innovieren

Für Unternehmer ist die Zukunft mit zahlreichen Möglichkeiten verbunden, neue, bahnbrechende Geschäftsmodelle zu erfinden, die ganze Branchen neu definieren würden. Geschäftserfolg in einer Zeit des schnellen Wandels erfordert jedoch eine ausreichende Bereitschaft zum Experimentieren, Iterieren und Innovieren. Ein inkrementeller Ansatz bei Produktdesign und -entwicklung ist der Schlüssel zur Schaffung von Mehrwert für Kunden und langfristiger Wettbewerbsfähigkeit. Einer der erfolgreichsten Ansätze, um Unternehmer zu werden und eine Nische auf dem Markt zu erobern, ist die Einführung einer Lean-Startup-Methodik, die sich auf Experimentieren und Iterieren als primäre Möglichkeiten zur Schaffung nachhaltiger Werte konzentriert.

Daher lautet die erste wichtige Empfehlung für Unternehmer, bei der Produktentwicklung auf schnelle Experimente und iterative Ansätze zurückzugreifen. Anstatt vier Jahre damit zu verschwenden, ein perfektes Produkt herzustellen, das die Kunden nicht brauchen oder auf dem Markt nicht akzeptieren, werden Unternehmer ermutigt, ein minimal funktionsfähiges Produkt zu entwerfen und dieses Produkt bei echten Kunden einzusetzen. Dieser Ansatz ermöglicht einen schnellen Lernzyklus aus Kundenfeedback und der darauf basierenden Korrektur des Produkts. Es ist entscheidend zu erkennen, dass Produktentwicklung und -iteration auf Daten und nicht auf falschen Annahmen über die Produktleistung basieren sollten. Daher ist die datengesteuerte Natur des Unternehmertums einer der Hauptfaktoren für langfristigen Erfolg. Unternehmer werden ermutigt, Risiken einzugehen und Mechanismen zu erkunden, die zuvor möglicherweise nicht als möglich angesehen wurden.

Da ihre Zukunft mit der Entstehung des neuen Geschäftsökosystems zusammenhängt, sollten Unternehmer schließlich auch in der Lage sein, zusammenzuarbeiten. Ein gut ausgebautes Netzwerk aus Partnern, Mentoren und Geschäftsbeziehungen wird sicherstellen, dass Unternehmer die fehlenden Ressourcen, Informationen und organisatorische Unterstützung finden, die sie benötigen. Um mich mit einem breiteren Unternehmersystem zu verbinden und mit Menschen in Kontakt zu treten, die diese Ziele und Werte teilen, werde ich mir Veranstaltungen wie die oben genannten ansehen und vielleicht einem Accelerator beitreten. Kurz gesagt: Die Zukunft liegt bei uns und die Möglichkeiten sind für diejenigen, die bereit sind, zu experimentieren und zu innovieren, nahezu unbegrenzt.

Fazit : Disruption für unternehmerischen Erfolg nutzen

Zu Beginn unserer Reise, auf der wir das Potenzial verschiedener disruptiver Geschäftsmodelle erkunden, wird deutlich, dass die Zukunft des Unternehmertums von der Fähigkeit zu Innovation und Veränderung abhängt. Disruption ist kein abstraktes Konzept mehr, sondern eine praktische und notwendige Strategie, die jedes Unternehmen anwenden sollte, um die Konkurrenz zu überflügeln. Die wichtigste Lehre, die ich aus diesem Buch ziehen kann, ist, dass die größten Chancen entstehen, wenn die Unternehmen neue gewohnheitsmäßige Ansätze entwickeln, Spitzentechnologien einsetzen und neue Anforderungen und Bedürfnisse erfüllen. Für mich persönlich und für die meisten anderen Geschäftsleute ist eine der wichtigsten Erkenntnisse, denke ich, dass man sich der Notwendigkeit einer permanenten Weiterentwicklung bewusst sein sollte. Das Marktumfeld befindet sich in einem ständigen Wandel, der durch technologische Fortschritte und die sozialen und wirtschaftlichen Besonderheiten der Welt vorangetrieben wird. Unternehmen, die langfristig eine führende Position einnehmen wollen , sind diejenigen, die diese besondere Realität nicht nur verstehen, sondern auch daraus Kapital schlagen können. Bei Innovation geht es nicht nur um neue Produkte und Dienstleistungen, denn sie setzt voraus, dass Wert auf neue Weise geschaffen werden kann. Die gewohnte Ordnung muss ständig in Frage gestellt werden, um den Herausforderungen mit neuen, verbesserten Strategien und Methoden zu begegnen. Abonnementunternehmen, Plattformen, Sharing und Purpose-Unternehmen sind Beispiele für solche Disruption und sie sind nur einige von vielen anderen Arten und Anwendungen, die man aufzählen kann. Die im Laufe unseres Lernprozesses untersuchten Fälle von Netflix und Spotify bis hin zu Airbnb, Uber und TOMS Shoes zeigen, dass es möglich ist, mit diesen Strategien einen Unterschied zu machen, weil sie disruptiv sind und die Regeln und Paradigmen verändern, mit denen die Zielgruppen und Konkurrenten arbeiten.

Obwohl es viele verschiedene Geschäftsmodelle gibt, ist es offensichtlich, dass es mehrere allgemeine Strategien gibt, die

Unternehmern helfen können, die Macht der Disruption zu nutzen und erfolgreich zu sein. Die wichtigste Lehre ist, dass Unternehmen eine Innovationskultur fördern sollten. Das bedeutet, dass Unternehmer danach streben sollten, ein Umfeld zu schaffen, in dem Risikobereitschaft gefördert wird und Mitarbeiter ermutigt werden, anders zu denken. Innovation entsteht oft, wenn Unternehmen neue Geschäftsmodelle und Verkaufstaktiken iterieren und testen können. Daher sollten Arbeitgeber bereit sein, große Veränderungen vorzunehmen, wenn die Situation es erfordert. Im Allgemeinen betreffen diese nicht nur die Produkte, die Unternehmen verkaufen, sondern auch die Märkte, in denen sie aktiv sind. Das Beispiel Google zeigt, dass Unternehmen durch die Förderung einer Innovationskultur mit dem Konzept „Google Day" neue Produkte und Plattformen schaffen können, die die Branche verändern. 3M verwendete diese Technik ebenfalls und erlaubte seinen Mitarbeitern, einen Tag pro Woche an einem neuen Projekt ihrer Wahl zu arbeiten, was zu neuen Produkten wie Post-It -Notizen führte.

Eine weitere wichtige Lektion aus diesem Buch ist, dass die zentrale Rolle der neuen Technologien bei Disruptionen nicht genug betont werden kann. Ob Computer, Internet, Smartphones oder in jüngster Zeit Blockchain, künstliche Intelligenz, das Metaverse und andere neue Technologien – eine bestimmte Technologie als Kern eines Geschäftsmodells zu haben, kann enorm vorteilhaft sein. Es ist wichtig zu beachten, dass sie nicht nur oft eine hervorragende Möglichkeit darstellen, Kunden zu gewinnen, die Geschäftsabläufe zu rationalisieren oder disruptive Geschäftsmodelle zu entwickeln, sondern auch völlig neue Märkte erschließen und sogar die Art der Produkte oder Dienstleistungen verändern können, die ein Unternehmen verkauft. Zumindest können Unternehmen, die diese Technologien nutzen, ihre Branchen zur Zukunft der Branche machen , anstatt zuzusehen, wie die Zukunft ihnen passiert. Daher ist die wichtigste Lektion für Unternehmer, dass sie akzeptieren müssen, dass der Wandel heute schnell voranschreitet und es nicht möglich ist, die Marktkontexte ständig zu ändern. Das bedeutet, dass Unternehmer, die sich schnell an große Veränderungen im Zusammenhang mit Technologie, Disruptionen und anderen Trends anpassen können, diejenigen sein werden, die erfolgreich sind. Daher sollten Unternehmer dazu motiviert sein, immer vom Markt zu lernen und immer auf der Suche nach Möglichkeiten zu sein, ihr Produkt oder ihre Dienstleistung zu verbessern.

Es ist an der Zeit, einen letzten Aufruf zum Handeln an alle Unternehmer zu richten, die daran interessiert sind, ihre Unternehmen so umzugestalten, dass sie nicht nur über Wasser bleiben, sondern auch zu bedeutenden Akteuren in einem Umfeld des Umbruchs werden. Die Grundidee besteht nicht darin, auf Veränderungen zu warten und das Unternehmen an die neuen Anforderungen anzupassen, sondern nach Möglichkeiten zu suchen, diese Veränderungen einzuführen. Das Buch schlägt einige erfolgreiche Modelle und Methoden vor, die man weiter ausführen kann. Es wird jedoch empfohlen, hier nicht stehen zu bleiben. Betrachten Sie es im Gegenteil nur als Ausgangspunkt und setzen Sie sich das Ziel, etwas grundlegend Neues im Geschäftsumfeld auszuprobieren.

Die heutige Umgebung ist so veränderlich geworden, dass nur die langlebigsten und flexibelsten Geschäftsmodelle überleben können. Fordern Sie sich also selbst heraus und denken Sie über das Geschäft im Kontext des zukünftigen Marktes nach. Natürlich gibt es nicht so viele Bücher und Artikel, die sich mit allen Einzelheiten befassen und eine umfassende Palette alternativer Methoden und Praktiken anbieten. In dieser Reihenfolge der Ideen ist es empfehlenswert, sich nicht auf Daten zu beschränken, die man aus dem Buch erhält. „The Innovator's Dilemma" von Clayton Christensen sowie „The Lean Start-up" von Eric Ries liefern Ihnen das notwendige Hintergrundwissen zu Innovationsmodellen. Die profitabelste Quelle für alternatives Wissen sind natürlich Online-Kurse, die auf Coursera, edX oder Udacity sowie auf anderen Plattformen verfügbar sind. Insbesondere sollten Sie einige neue Artikel von TechCrunch oder Wired oder Berichte der Harvard Business Review über Disruption durch technologischen Fortschritt ausprobieren. Zusammenfassend lässt sich sagen, dass die oben genannten Quellen Sie in eine Position bringen, in der Sie Ihr Geschäft enthüllen können. Es geht darum, es jetzt zu tun, nicht zu warten und später über das Thema nachzudenken.

Über den Autor

Alex Wealthfield ist eine vorausschauende Unternehmensstrategin und Autorin mit einer Leidenschaft für die Entdeckung innovativer Wege zum Erfolg in der Unternehmerwelt. Mit einem Hintergrund, der sowohl in persönlichen Werten als auch in beruflicher Exzellenz verwurzelt ist, bringt Alex eine einzigartige Mischung aus spiritueller Ausrichtung und modernstem Geschäftswissen mit. In ihrem neuesten Werk „Innovative Geschäftsmodelle: Disruptive Strategien für den modernen Unternehmer" befasst sie sich mit den dynamischen Trends, die die Zukunft des Geschäfts prägen, und bietet umsetzbare Strategien für Unternehmer, die in einer sich schnell verändernden Welt erfolgreich sein wollen. Alex' Expertise liegt in der Verschmelzung traditioneller Weisheit mit moderner Innovation, was sie zu einer vertrauenswürdigen Ratgeberin für Leser macht, die auf ihrem Weg als Unternehmer nicht nur Erfolg, sondern auch bedeutende Auswirkungen anstreben.